Vous êtes éternels

Nicolas-David Paris

Vous êtes éternels

SOLAR

SOMMAIRE

« Croyez en la vie, car elle croît[1] en vous ! »

1. Du verbe « croître ».

AVANT-PROPOS

Vous serez peut-être choqué si j'affirme, d'emblée, que vous êtes éternel, et que la mort n'existe pas ! La mort est en effet une conception bien humaine… Alors, bien sûr, la mort est d'abord un fait établi de la vie et une expérience universelle : quoi qu'il en soit, tout être animé s'éteindra à un moment donné, physiquement parlant. Mais qu'est-ce que la vie perçue par notre conscience ? C'est une simple projection d'un être vivant qui invite à une fin : notre conscience projette la peur de ne plus exister en tant que tel, à un moment donné. Si nous naissons, c'est qu'il y a forcément un terme à cette vie, et cette fin se nomme la « mort ». Ce mot terrifiant fait froid dans le dos, n'est-ce pas ? Et pourtant, si vous saviez… Nous sommes formatés pour penser ainsi ! Les esprits sceptiques affirmeront qu'un aboutissement à la vie existe bel et bien, celui de la mort du corps physique. Dans la logique des choses nous naissons, grandissons, vieillissons et sommes tous destinés à terminer notre cheminement ainsi, si aucun accident ne vient interrompre prématurément notre parcours. Nous finissons tous allongés dans une boîte funéraire enterrée à six pieds sous terre, ou encore incinérée à plus de huit cents degrés Celsius. Sordide, n'est-ce pas ?

Les humains, en général, vous et certainement d'autres personnes autour de vous, ont cette vision conditionnée de la vie. Alors, puisque nous sommes destinés à mourir, autant se faire plaisir, croyons-nous, autant brûler la vie par les deux bouts et ne briller qu'à travers notre ego ! La plupart du temps les gens pensent avec leur ego, ce surmoi concurrentiel qui veut dominer le monde entier, être le premier, et est avide de reconnaissance à n'importe quel prix. Telle est la notice de vie restrictive à laquelle on peut croire une grande partie de notre existence.

D'innombrables personnes traverseront la vie comme des funambules en passant par toutes ces étapes sans jamais remettre en question leur éducation ou leur mode de vie. Pendant que d'autres essaieront d'évoluer différemment en s'interrogeant sur une autre façon de vivre et de penser. Ceux-là percevront alors la vie comme ils le désirent ou le ressentent au plus profond d'eux-mêmes. Ces derniers posent un regard différent sur le monde, qui est essentiel pour éveiller ceux qui ne parviennent pas à reconnaître qu'un autre mode de vie est envisageable, qu'un ailleurs existe, que la vie se présente sous de multiples formes selon la vision que l'on en a.

Comment parvenir à changer votre vision de ce monde, tel que vous le percevez selon votre vécu, vos connaissances, compréhensions, blessures et appréhensions ? Chacun voit à travers son propre prisme, aucun de nous n'a la même version de ce qui nous entoure et de la réalité. Une seule vérité commune et applicable à tous sans détour n'existe pas. Pourtant, vous pouvez décider de vous intéresser à une autre forme de penser et de vivre qui sera peut-être très éloignée de votre vie actuelle mais qui vous amènera à raisonner différemment et apportera alors un vrai sens à votre vie. Pourquoi ne pas vous laisser tenter par cette expérience hors du commun ?

Je suis un messager entre vous et l'autre monde

Je suis médium depuis ma plus tendre enfance. Je me rappelle un soir de décembre 1988, alors que j'ai seulement 7 ans. Ma semaine d'école vient de finir et je suis déjà couché dans mon lit. Comme chaque soir, depuis quelques semaines, il se passe quelque chose dans la pénombre de ma chambre : j'ai l'impression de ne pas être seul, je ressens la présence de personnes que je ne vois pas, j'entends des sons que je ne peux pas réellement comprendre. Ce n'est ni un cauchemar ni un rêve, je reste éveillé, les yeux grands ouverts et cela me terrifie... Ces présences ne sont pas le fruit de mon imagination et, surtout, j'ai l'impression qu'elles viennent me rendre visite de plus en plus souvent...
Ces présences, ce sont les âmes de défunts et la manifestation des anges, je le saurai bien plus tard. Mais à ce moment-là, je ne comprends pas encore ce qu'il se passe. Je ne sais pas encore que je suis un messager des anges et que les défunts communiquent naturellement avec moi. À ce moment-là, dans ma chambre d'enfant, j'essaie de m'endormir malgré ces présences effrayantes au bord du lit. Je ne crie pas. Et surtout je n'en parle à personne.
Les jours passent et se ressemblent. Au contact de ces présences, mes oreilles bourdonnent, j'entends des sons, des voix mais je ne peux pas réellement identifier le sens de ce que je

perçois. J'ai également l'impression que ces présences veulent entrer dans mon corps, un corps alors figé par la peur.
Il me faudra du temps pour me confier à une oreille bienveillante qui saura m'écouter, celle de ma grand-mère, mamie Georgette. Je suivrai ses conseils qui m'invitent à prier Dieu pour éloigner ces présences. Les prières vont alors m'aider à apprivoiser ce que je pense être de mauvais esprits. Lorsque je prie, je me sens comme délivré, un peu protégé...
Les années passent. Je sens toujours et régulièrement des présences auprès de moi et mes sens se développent. Si cela me perturbe encore, j'en ai moins peur. En réalité, je me sens différent des adolescents de mon âge. J'ai l'impression d'être connecté à tous ceux qui m'entourent, à ma famille, mes amis, et de ressentir leurs états émotionnels. Sans pouvoir le prévoir ni le contrôler, je perçois leur caractère, des événements de leur vie passée ou future. Ce flux de connexions m'envahit terriblement. Trop. Mon seul objectif à ce moment-là est de me protéger de ces situations. Afin d'éviter d'être submergé par les énergies qui m'entourent et de cacher mon état émotionnel perturbé, je deviens le larron de l'équipe, je fais sans cesse des blagues. J'invite également mes amis à rire... C'est une façon de prendre de la distance avec mes perceptions et de bloquer mon canal de connexion. Je m'écarte ainsi d'une réalité que je ne comprends pas bien encore et que je ne maîtrise pas.
Au fil des années, je grandis avec l'impression d'avoir une sorte de sixième sens que je parviens peu à peu à canaliser, mais dont je ne parle toujours pas aux autres.
Tout va changer un beau jour de printemps. Un événement bouleverse ma vie à jamais, il me permet de poser enfin des mots sur qui je suis et de comprendre ma mission de vie.

Avec des amis, nous effectuons des travaux de rénovation dans une maison lorsque je me sens brusquement envahi par des présences tout autour de moi. Mon cœur s'accélère, puis une voix me parle. C'est alors très différent des sensations de mon enfance ; j'entends distinctement la voix d'un homme en comprenant le sens de ses paroles : « Alexandre va rencontrer Charlotte et Alain, mais cela ne se passera pas bien. » Je suis alors emporté dans un tourbillon d'émotions et de sensations, connecté à cette voix qui répète sans cesse les mêmes mots. Sans pouvoir me contrôler, je répète à mon tour ces mots en boucle. Mes amis me demandent ce qu'il se passe, notamment mon camarade Alexandre qui s'interroge sur ce que je viens de dire. Il doit en effet bientôt rencontrer une certaine Charlotte et son collègue Alain, dans le cadre d'un projet professionnel. Surpris, il me demande de quelle façon j'ai été au courant de ce rendez-vous et pourquoi je me mets à en parler de cette façon. Je comprends à ce moment précis que mes ressentis d'enfant ont toujours été bien réels. Je comprends que je suis connecté à une autre dimension et que j'entends des voix qui viennent de l'invisible. À cet instant, une voix me demande de faire passer un message à Alexandre. Sans pouvoir me contrôler, je m'exécute et je lui délivre un message d'alerte sur son futur proche.
Je suis là, assis par terre, mes amis autour de moi. Empli d'émotions. Ce que j'ai tant gardé au fond de moi est désormais affiché au grand jour. J'explique mes ressentis à mes amis, je leur raconte tous mes questionnements depuis l'enfance. Cet instant est alors pour moi une libération et une révélation. Je prends conscience que je communique avec l'au-delà et les anges, et que je suis un messager. Ma propre

voix se libère. J'ai 20 ans, et désormais je peux accepter ces connexions…

Dans les semaines qui suivent, je tente de comprendre et de contrôler mes ressentis. Je vais alors travailler ma concentration et méditer. Mes amis me soutiennent et me permettent de travailler ce don lors de séances privées. Mes perceptions se développent de façon exponentielle.

Au fil de mes méditations et de mes expériences auprès de mes amis, je découvre la façon dont les messages des défunts viennent à moi, pour être transmis à leurs proches. Ces connexions sont intenses et, à chaque fois, je communique des informations précises concernant un défunt, et quelques informations à révéler à la personne que j'ai en face de moi. Ces messages, toujours remplis d'émotions, sont comme une guidance et accompagnent celui qui les reçoit sur son chemin de vie. Au fil de ces expériences, je comprends enfin que je suis médium.

Le temps passe, je maîtrise de mieux en mieux mes perceptions et ma compréhension de l'au-delà. Mon chemin vers la médiumnité ne fait pourtant que commencer…

Dans la vie quotidienne, je reste pragmatique, et après des études de langues, je décide de devenir steward. Je vais passer dix-sept ans à sillonner les cieux et la planète, au plus près des anges, que cela soit à travers les voyages ou des séances privées que j'organise à mon cabinet à Paris. Pendant ces dix-sept années, je partage mon don entre différents mondes. Une vie de rencontres qui m'aide à grandir et finalement à apprivoiser de plus en plus ce don. Mon métier de steward me permet de parcourir le monde, de multiplier les contacts avec les vivants, tout comme avec les défunts,

en transmettant leurs nombreux messages aux personnes rencontrées durant mes voyages.
À 40 ans, après des années à travailler ma médiumnité, je décide enfin de vouer entièrement ma vie à ma mission médiumnique. Je deviens Nicolas-David Paris, médium. Aujourd'hui, je suis un homme heureux et fier de mon don. J'ai l'immense chance d'être « connecté » aux anges qui m'accompagnent quotidiennement pour vous guider sur votre propre chemin. C'est bien grâce à eux, mes guides et mes proches défunts partis dans l'autre monde, que je peux vous éclairer sur les événements qui se dessinent dans votre futur proche. Le monde invisible me permet de vous apporter des clés pour vous libérer de ce qui bloque votre avancement et vous empêche d'être libre, de lâcher prise pour incarner votre entièreté, ce que vous êtes au plus profond de vous, dans votre âme.
Dans ce livre, j'évoque aussi bien la vie que la mort, ce mot terrible qui déclenche tant de peurs et de questionnements sur notre fin inéluctable. Je souhaite vous apaiser en vous parlant de ce qu'il se passe dans l'au-delà, ce monde invisible et imperceptible à l'œil nu, pourtant si proche de nous. Je vous explique l'importance de l'âme et de son évolution, alors que notre quotidien terrestre nous pousse sans cesse à nous préoccuper de nos besoins matérialistes... Je vous invite à vous interroger sur votre parcours en tant qu'être humain : « Qui suis-je, moi, par rapport aux autres individus ? Quelle est ma place dans cette société ? Quelle est ma raison de vivre ici-bas ? »
Les chuchotements de mes anges transformeront peut-être votre vie et vous aideront à trouver votre chemin. À vous d'écouter leurs conseils, de les appliquer et de vous libérer

de vos peurs... Personne ne le fera à votre place. Vous avez la possibilité de vous choisir, vous et uniquement vous, au lieu d'espérer qu'un sauveur ou une intervention extérieure ne vous délivre de vos malheurs, telle une fée dotée de sa baguette magique ! Vous avez le choix de briser les schémas répétitifs de votre vie, en vue d'une guérison holistique de votre corps et de votre âme. Vous ouvrirez alors un champ infini de possibilités à votre destinée.

Vivez, aimez, vibrez sur cette Terre !

Nous sommes incarnés sur la planète Terre que nous ne connaissons que sous certains angles. Nous n'avons pas la science infuse. Cette Terre, que l'on découvre encore chaque jour, est comme une école pour vivre des expériences et des émotions, y faire évoluer notre âme (sans que ce mot n'ait en réalité de connotation religieuse) à travers des « stages de vie » afin d'être au plus proche de notre nature divine profonde, la pureté dans l'amour infini.

Une vie dénuée de toute colère, rancœur, agressivité, envie ou jalousie... Une vie délestée de tous les côtés négatifs qui nous empêchent littéralement d'avancer, afin de muer vers un mieux-être global et une sérénité à toute épreuve ! Le but ultime, selon moi, est de transcender notre personnalité pour incarner une meilleure version de nous-mêmes, épurée, profondément positive et juste.

L'Amour, avec un grand A, régit notre parcours terrestre et céleste. La Lumière, avec un grand L, nous guide sur le chemin de la métamorphose de notre être et de notre âme. Savez-vous qu'il est impossible pour un être humain de pouvoir vivre sans Amour et sans Lumière ?

Dans cet ouvrage je vous emmène à la rencontre de l'Amour, de la Lumière, de la Vie et de la Mort, pour qu'un nouveau prisme s'ouvre à vous et enrichisse votre vision de la vie. Vous ne verrez plus la mort et la vie comme avant, car vous êtes éternel !

Chapitre 1

UNE VISION DIFFÉRENTE DU MONDE

Nous pouvons tous appréhender le monde de façon différente. Vous aussi ! Ce chemin n'est pas si compliqué à emprunter, mais il faut des clés pour réussir à transformer notre regard... Ces trois clés sont : le prisme (voir le monde à travers votre propre vision, et celle-ci peut évoluer), l'âme (votre conscience extraneuronale au-delà de votre corps) et enfin le libre arbitre (vous avez le choix de guérir de vos blessures et vivre une vie plus harmonieuse). Ces trois clés sont les outils de votre transformation pour acquérir une nouvelle vision du monde et de vous-même.

Un nouveau regard sur la vie

Pour commencer ce chemin, j'ai un service à vous demander : ouvrez-vous, oubliez vos dogmes et votre façon habituelle de voir le monde ! Détachez-vous de votre façon de concevoir votre vie telle qu'elle l'est actuellement. Il est primordial d'ouvrir votre esprit à d'autres possibilités, d'autres dimensions, pour en apprécier les différents aspects, même si cela vous paraît totalement abstrait dans un premier temps. Savez-vous que chacun d'entre nous conçoit la vie de manière complètement différente de son voisin ? C'est ce que l'on appelle « voir par son propre prisme ». Il s'agit d'un élément d'optique de forme géométrique à trois dimensions ayant plusieurs faces, utilisé pour réfracter la lumière, la réfléchir ou la disperser en différentes longueurs d'onde. Voir par son propre prisme, c'est parvenir à développer une vision différente des autres, qui nous est propre. C'est ce qui fait notre singularité et, en même temps, notre complexité. Cet arc-en-ciel de formes de pensées est un creuset d'intelligences. Personne ne détient la vérité absolue ni ne peut affirmer que sa propre façon de penser est la référence universelle. Nous sommes toutes et tous différents. Notre vécu, notre apprentissage, les codes sociaux que nous ont inculqués nos parents – et avant eux, leurs propres parents – nos amis, nos professeurs, les lois, tout ce qui régit le monde et nous entoure fait de nous l'être que nous sommes à l'instant *t*. Chaque être est unique, avec des valeurs uniques.

Au-delà des grandes valeurs universelles partagées par tous, nos idées et pensées peuvent parfois se rejoindre si l'on a appartenu à la même classe sociale, si l'on a eu les mêmes parents, la même culture et religion, si l'on a grandi dans la même zone géographique… Intrinsèquement, nous aurons un avis plus ou moins semblable sur telle ou telle chose. Mais dites-le-vous : vous pourrez sortir des sentiers battus ! Vous pourrez emprunter un autre chemin, même si certains conditionnements éducatifs ou moraux ont formaté vos valeurs ou pensées. Si vous naissez dans une famille d'artisans, cela ne signifie pas que vous êtes destiné à exercer le même métier que vos parents. Par exemple, si votre âme s'est incarnée pour une raison particulière, comme celle de prendre de lourdes décisions en exerçant les responsabilités d'un juge à la Cour pénale internationale, elle sera au préalable modelée à sa destinée et sera dotée de toutes les fonctionnalités cérébrales pour effectuer sa mission de vie. Elle sera plus élevée intellectuellement et spirituellement que la famille associée à sa naissance et son évolution. Vous n'atterrissez pas forcément dans une famille en étant identique à ceux qui vous entourent, en partageant les mêmes valeurs et les mêmes croyances. À ce moment-là, votre âme est en quelque sorte déjà « modelée » à la façon de penser spécifique qu'elle pourra utiliser sur terre afin de réussir son propre chemin de vie, sans dépendre inévitablement de tout ce qui lui sera inculqué durant son apprentissage humain. Votre personnalité sera plus ou moins imperméable aux influences de votre environnement durant son développement car votre mission sera ancrée par avance au plus profond de votre conscience. Vous serez bien plus autonome durant votre évolution.

Qu'est-ce que la vie ?

Cela nous amène à considérer la conception de la vie, la création. La vie telle qu'on la conçoit est reliée à l'Univers, un Univers qui peut être abstrait ou concret selon nos perceptions. L'Univers est constitué de matière qui est composée elle-même d'atomes issus de l'assemblage de particules élémentaires. Ces atomes sont constitués en leur noyau de protons (chargés positivement) et de neutrons (non chargés), tandis que les électrons (chargés négativement) sont localisés autour du noyau. Aujourd'hui, c'est la théorie du big-bang qui tente d'expliquer l'origine de notre Univers. *In fine*, nous proviendrions d'atomes, d'une explosion énergétique. C'est un fait, nous vivons sur terre, et nous essayons d'expliquer avec nos compétences à l'instant *t* l'origine de la vie.

Notre cerveau ne peut concevoir l'immensité de l'Univers et ne peut imaginer l'existence de plusieurs autres. C'est impalpable donc impensable. Pourtant cet Univers est en constante expansion. On peut légitimement se poser les questions suivantes : « Pourquoi suis-je ici ? Quel est le sens de ma vie ? Sommes-nous seuls dans l'Univers ? Pourquoi n'existerait-il qu'un seul univers ? Pourquoi la Terre serait-elle l'unique planète habitable où la vie se développe ? »
L'eau est à l'origine de la vie et le principal constituant des êtres vivants. Sans eau, aucun organisme ne peut survivre. Cependant, si c'est valable pour notre planète, pourquoi en serait-il de même concernant les innombrables possibilités d'existence sur des exoplanètes (les planètes orbitant autour d'une étoile autre que le Soleil) ? Dans l'absolu, il faut à l'eau une source de chaleur pour que la vie apparaisse. Mais si cela est vrai sur notre globe, pourquoi cela ne pourrait-il pas en être autrement dans l'infinie grandeur des univers ? Pourquoi rester figé sur une seule façon de concevoir la vie ? Vous pourriez rétorquer que c'est scientifiquement prouvé. Effectivement, les fondements de la science se trouvent dans la démonstration, un raisonnement par lequel on prouve la vérité d'une proposition ou d'une loi scientifique. La preuve est donc supposée confirmer (ou infirmer) une théorie. Une preuve devrait être empirique, et son interprétation respecter la méthode scientifique. Par conséquent, si un fait existe, il devrait être démontré afin que l'on puisse en affirmer sa véracité et son existence. En d'autres termes, lorsque quelque chose n'a pas été validé scientifiquement, cela ne peut pas exister… Ce mode de réflexion a pour conséquence le rejet de ce qui n'est pas encore démontré rigoureusement scientifiquement.

Pourtant, avant de pouvoir être démontrées, ces choses existaient déjà ! Il s'agit d'une incohérence de la pensée humaine consistant à nous rassurer et à rejeter des nouveaux concepts si aucune preuve scientifique n'est apportée en leur faveur, comme par exemple la survie de l'âme après la mort physique...
Plus on avance dans le temps (qui lui non plus n'existe pas !), plus la technologie évolue, plus nous découvrons de nouveaux aspects de la vie, de nouveaux phénomènes perturbants qui changent nos connaissances et nos certitudes initiales. Les découvertes du célèbre physicien Albert Einstein ont complètement modifié la perception de l'espace et du temps. Il affirmait : « La distinction entre le passé, le présent et le futur n'est qu'une illusion persistante. » Il est parvenu à l'élaboration de sa théorie de la relativité générale, dans laquelle le temps est modifié par la vitesse et la gravité.

Notre échelle spatio-temporelle

Nous ne faisons que passer sur cette terre, ce n'est pas le temps qui passe. La conception spatio-temporelle est conditionnée par notre perception humaine : elle nous permet de gérer les cycles de vie selon la rotation de la Terre par rapport au Soleil, un cycle jour-nuit défini sur vingt-quatre heures... Cela nous conduit à nous identifier à une échelle de vie circonstancielle nous liant au passé, au présent et au futur. Vous pensez que le Soleil se lève puis se couche ? En réalité, il ne bouge pas vraiment (le Soleil est une étoile dite « fixe »). Et pourtant nous le concevons de cette manière pour déterminer une échelle de temps. *Le Soleil s'est levé ce matin à 7 heures, il se couchera ce soir à 20 heures.* Dans ce laps de temps, nous définissons trois types de temporalités : un passé (puisque le Soleil s'est levé à telle heure du point de vue où nous nous situons), un présent (le Soleil se situe à tel endroit du ciel à un moment *t*) et un futur (ce soir, le Soleil se couchera à 20 heures). Nous vivons ces trois moments distincts, alors que le Soleil, lui, n'a pas bougé puisque c'est la Terre qui tourne autour du Soleil. La Terre met environ 365 jours (une année) pour en effectuer le tour. Ce mouvement est nommé « une révolution complète ». Toute notre unité de temps, secondes, minutes, heures, jours, semaines, mois, années, est définie selon ces mouvements spatiaux qu'on utilise pour notre quotidien de vie terrestre ou à des fins plus ésotériques (rituels, thème astral...).

En effectuant des recherches approfondies sur divers supports, tout tend à affirmer que notre planète effectue une rotation complète sur elle-même en 86 164,1 secondes, soit 23 heures 56 minutes et 4,1 secondes. Pour nous, êtres humains, cela correspond à une journée de 24 heures. Cette période est appelée le « jour sidéral ». La Terre tourne également autour du Soleil à plus de 107 000 km/h. Notre Système solaire lui aussi se déplace autour du Soleil qui, lui, tourne autour du centre de la Voie lactée à une vitesse de 850 000 km/h. Tout est perpétuellement en mouvement. Notre galaxie se déplace aussi à environ 2,3 millions de km/h. À chaque seconde de lecture de ce livre, vous parcourez ainsi, sans vous en rendre compte, 630 km. Cela signifie que l'endroit de l'espace où vous étiez il y a vingt-quatre heures se situe maintenant à 55 millions de kilomètres de votre position actuelle. La galaxie n'est pas fixe comme l'est votre canapé dans votre salon. Tout est constamment en mouvement. En fait, sans

même bouger de votre lit, vous parcourez des millions de kilomètres dans l'Univers sans vous en rendre compte. Au cours de sa vie, un humain parcourt 0,3 année-lumière au sein de notre Univers. La prochaine fois que vous vous endormirez, rappelez-vous que vous êtes deux mille fois plus rapide que la vitesse du son. Cela vous paraît tout droit sorti d'un film de science-fiction ? C'est pourtant la réalité, notre réalité. Une réalité que notre cerveau a du mal à conceptualiser. Faites de même avec mes explications sur le monde invisible. Vous n'y adhérez peut-être pas, car vous ne voyez pas et ne vivez pas ce que je souhaite vous démontrer à travers mon expérience personnelle. Cependant, je peux vous affirmer que ce que j'ai vécu et partagé avec des milliers de personnes lors de mes consultations médiumniques privées et mes diverses rencontres existe. Et je ne suis évidemment pas le seul médium sur terre qui vit des expériences non scientifiquement prouvées !
Pour cela, il suffit de lire des passages sur la théorie de la relativité d'Einstein réfutant les lois de la physique classique newtonienne. Avec nos moyens technologiques de plus en plus avancés nous découvrons de nouvelles galaxies, planètes, exoplanètes, étoiles, systèmes solaires, etc. Même si cela paraissait inenvisageable par l'esprit humain il y a des siècles, en réalité, tout ceci existait et existe au-delà de nos conceptions. Ce qui a longtemps été considéré comme faux est parfois aujourd'hui vrai (la Terre tourne autour du Soleil alors qu'on pensait au Moyen Âge que c'était l'inverse). Les progrès et nos avancées technologiques ont permis d'en apporter des preuves scientifiques. Les exemples sont là, à foison.

Notre passage sur terre

Comparée à l'Univers, la planète Terre est minuscule, et comparés à elle, les humains sont de taille infinitésimale. D'ailleurs la Terre n'est pas au centre de l'Univers, le Soleil non plus. Nous vivons dans une galaxie, une galaxie parmi bien d'autres, tant il en existe des milliards. Finalement, toutes ces galaxies ne sont que des grains de sable à l'échelle cosmique.

Revenons à notre planète, perdue au milieu d'une galaxie parmi bien d'autres. Eh bien, c'est ici que se déroulera votre apprentissage de la vie. Tous vos faits et gestes, vos interactions positives ou négatives, vos rencontres, tout ce que vous allez penser, consciemment ou inconsciemment, tout ce que vous allez vivre, expérimenter, générer, toutes les émotions que vous allez induire chez autrui seront créées et stockées dans votre mémoire énergétique, appelée « l'âme » ou la « conscience extraneuronale » hors du corps.

Lorsque nous mourons, tout se termine. D'autres personnes naissent alors et agissent de façon similaire ou différente de nous, un nouveau cycle de vie recommence, un cycle éternel. Chaque seconde, quatre bébés naissent en moyenne, et deux personnes meurent. Ce ballet incessant montre le cycle de l'âme : sa venue dans le monde, son expérimentation humaine durant un laps de temps variable et son départ vers le monde invisible après la mort du corps physique. La permutation de l'âme correspond à une alternance indéfinie d'âmes effectuant des allers-retours entre chaque dimension. Un nombre inquantifiable d'âmes font un va-et-vient entre le monde de l'invisible et la Terre. Quatre personnes naissent, deux meurent, c'est une alternance éternelle. Une alternance qui a forcément un sens. Une autoroute de va-et-vient entre la vie incarnée sur un plan physique, palpable, et la vie désincarnée sur un plan astral, spirituel, impalpable.

Vous n'êtes que de passage sur terre et vous vous posez ces questions : *Mais pourquoi suis-je donc ici ? Quel est le but de ma vie ? Je suis éphémère, personne ne se souviendra de mes dires ou de mes actions... à quoi bon me décarcasser à faire telle chose ou telle autre ? À quoi bon aller travailler, avoir des obligations comme faire le ménage ou régler mes factures ? Tous mes souvenirs disparaîtront. Et si cela n'a pas d'importance, pourquoi ne pas agir selon les règles sous-tendues par la société et les médias : être quelqu'un de connu ou reconnu par la masse, quelle que soit ma façon d'agir, en positif comme en négatif. Autant régner et imposer ma propre vérité, positive ou négative, aux yeux du plus grand nombre car de toute façon personne ne se souviendra de moi...*

Votre vie a un sens, n'en doutez pas !

Pourtant, vous comptez aux yeux de la vie. Votre passage sur terre est une bénédiction et vous devez réaliser votre mission. Peu importe ce qu'elle est. Même si vous deviez simplement être un parent pour votre enfant, un moine reclus priant pour l'humanité, ou encore un astronaute renommé, vous devez apporter votre pierre à l'édifice de la vie. Imaginez l'immense chance que vous avez d'être ici, sur la planète Terre. Le chemin de vie incroyable d'une âme abritée dans un corps, issu initialement d'une division cellulaire, dont les éléments ont été fabriqués au cœur des étoiles...

Lorsqu'on y réfléchit quelques secondes, c'est tellement incroyable ! Alors pourquoi se poser autant de questions ? Pourquoi rester si souvent figé par la peur alors qu'il y a tant d'émotions à vivre et à transcender ? Votre raison d'être est celle que vous voulez qu'elle soit. Dans cet espace rempli de vide et d'inconnu, vous avez un immense terrain de jeu. Soyez conscient de cette opportunité de ressentir, de penser, de créer selon ce que vous souhaitez ! Libérez-vous de vos schémas, de vos formes-pensées restrictives, de vos blocages émotionnels. Soyez libre d'être la personne que vous souhaitez devenir ou plutôt la personne que vous désirez incarner. Soyez cette personne empathique et dans la bienveillance qui compte pour les autres...

Si vous choisissez le chemin de l'inhumanité, sans cœur ni sentiment, vous n'en tirerez aucune gloire de l'autre côté du voile. Votre vie doit avoir un sens positif. Il doit forcément en être ainsi. En dépassant vos blocages émotionnels, vous ne serez plus lié au mal-être, à la rancœur, à la douleur ou à la souffrance. Vous n'aurez plus aucune raison de réagir avec antipathie, aigreur et férocité. Guérir de ses blessures ramène indubitablement vers la douceur et l'harmonie. Cela inclut d'être en accord avec votre esprit et vos valeurs profondes. Vous avez un corps à explorer, des facultés à éprouver, des interactions à vivre avec d'autres êtres et même avec la nature. Finalement, vous avez tout un éventail d'émotions à vivre. Peu importe le nombre d'erreurs, d'échecs, de situations embarrassantes rencontrées, vous expérimentez la vie et vous rebondissez ! Celui qui ne fait pas d'erreur est celui qui ne fait rien. Faire un choix, c'est prendre la décision de vivre une expérience. Si celle-ci est perçue négativement, il faudra en tirer des leçons positives et continuer à avancer. Si elle est perçue positivement, vous attirerez de nouvelles expériences encore plus bénéfiques et votre chemin de vie sera plus harmonieux. Alors, expérimentez ! Vivez, bougez, explorez, aimez ! Aimez-vous ! Ayez de la compassion envers vous-même et les autres. La vie, c'est tout ce « package » d'espoir, de rencontre et d'amour. C'est en cela que réside votre mission de vie. Et pour cela, vous devez voir la vie d'une nouvelle façon !

Le voyage de l'âme

L'âme peut se définir comme une intelligence hors du corps. De mon point de vue de médium, chaque âme intègre un corps sur la terre. L'âme, avant son intégration terrestre, est telle une boule d'énergie avec une fréquence vibratoire spécifique l'identifiant dans le monde astral. Intelligente et interagissant par télépathie, avec des sons et des images, l'âme se déplace à la vitesse de la lumière et peut se localiser où elle le souhaite en une fraction de seconde. Il lui suffit de penser à un endroit réel ou immatériel pour y être instantanément. Cette boule d'énergie n'est pas matérielle, elle n'a pas de forme solide. C'est un amas d'énergie complexe. Elle ne peut être distinguée que par certains humains qui ont des capacités médiumniques, notamment quand elles se rendent visibles lors de connexions spécifiques avec eux : ce que nous nommons la « communication avec les personnes décédées ». De fait, ce sont des âmes, comme vous et moi, derrière un voile, localisées dans une autre dimension (imperceptible par la plupart d'entre nous). Certains enfants ont la capacité naturelle de percevoir les défunts jusqu'à leur adolescence. Ils perdent souvent cette capacité à l'âge adulte. Mais parfois, un adulte qui a su garder son âme d'enfant, ou une certaine pureté, pourra voir les personnes décédées via leur âme.

Dans l'autre dimension, les âmes s'identifient à travers leur fréquence vibratoire. Plus l'âme appartient à un niveau élevé – caractérisé par un niveau de bonté supérieur – plus sa fréquence vibratoire est importante. Plus l'âme relève d'un niveau inférieur – jusqu'à un stade excessivement négatif – plus sa fréquence vibratoire sera basse et incommodante, voire répulsive. C'est de cette manière que les médiums avertis peuvent les reconnaître. Une âme émettant une fréquence vibratoire élevée est perçue comme agréable, remplie d'amour, de joie et de bien-être. Une âme à la fréquence vibratoire inférieure est perçue comme lourde, désagréable, sombre, agressive, voire terrifiante.
Pour vous donner un exemple, la connexion avec une entité positive procure un moment de joie, un vécu inoubliable qui déclenche une émotion intense ; elle peut même nous faire pleurer par le bonheur qu'elle procure. Cette entité élevée aura besoin de tout votre amour pour amplifier sa connexion à votre être sur le plan physique. A contrario, une entité négative qui veut établir un contact avec le plan terrestre vous glacera le sang, elle vous fera sentir dans la terreur et aura une sonorité vibratoire comparable à celle de mille marteaux frappant autant d'enclumes à répétition.

Les différents niveaux d'évolution de l'âme

Il existe plusieurs niveaux d'évolution dans l'autre monde, identifiés basiquement comme très hauts ou très bas. Vous connaissez ces niveaux. Dans la religion catholique, et la société en général, ils sont associés au paradis ou à l'enfer.
Dans le monde invisible où vivent les âmes, le plan astral, si une âme souhaite voyager à un endroit, il lui suffit d'y

« penser » pour s'y localiser instantanément. En revanche, pour se rendre auprès de leurs proches encore vivants sur le plan terrestre, les âmes ont besoin d'une sorte de laissez-passer. Seul Dieu, ou l'Être de bonté suprême, peut délivrer ce « passe ».

Hélas, les entités négatives n'ont pas besoin de cette demande d'accès. La terre étant un lieu d'expérience de vie assez complexe sur le plan de la matière, notre plan physique est davantage relié aux énergies de fréquences basses qu'à celles de fréquences hautes. En conséquence, les âmes sombres, peu évoluées, sont plus proches du monde des vivants. Elles en profiteront parfois pour faire en sorte que vous évitiez de guérir de vos blessures émotionnelles car elles se nourrissent de vos peurs. Par ce biais, elles vous empêcheront de vous élever vers la lumière, vers une pensée plus positive, pour continuer à vampiriser vos énergies.

Les âmes des défunts n'ont pas constamment accès à leurs proches et ne peuvent en aucun cas leur dévoiler le système d'évolution dans lequel nous nous trouvons tous. Parfois, elles pourront donner des signes de leur existence dans l'au-delà, parfois non.

Une âme, ou une énergie, choisit donc de s'incarner dans un corps, avec un physique harmonieux ou non, une pathologie ou non (on peut choisir de naître avec une maladie ou d'en déclencher une à un certain âge, car cela nous fera comprendre une situation pour notre avancement terrestre), dans une famille classique ou avec d'autres référents parentaux, dans une zone géographique, pour vivre des expériences et apprendre certaines choses… Le but premier est bien évidemment d'évoluer, de muer, de nous débarrasser

des blocages inscrits dans notre âme suite à l'enchaînement de nos incarnations et des différentes expériences vécues. Au-delà des blocages déjà inscrits lors de votre incarnation et ceux qui vont être engendrés à la suite de vos expériences de vie au cours de votre cheminement terrestre, il existe des blocages d'ordre « karmique » (la totalité des actions passées menées et vécues dans vos vies antérieures dans d'autres dimensions), et des blocages en lien avec votre famille d'âmes, à laquelle vous êtes rattaché pour réussir votre incarnation. Votre famille d'âmes ne correspond pas forcément à votre famille humaine, mais à toutes les âmes incarnées au même moment que vous, ou non, qui vous permettront de réussir, ou non, votre incarnation et de vous libérer, ou non, de toutes vos limitations. Vous créez peut-être constamment les mêmes schémas sans les résoudre, qu'ils soient de votre propre fait lors de votre évolution terrestre actuelle ou via vos vies antérieures, votre karma ou votre famille d'âmes. Vous reproduisez et attirez alors à vous les mêmes blocages, que vous devrez résoudre pour stopper ce cercle infernal à l'origine des comportements problématiques ou des maladies, ou encore des différentes altercations avec vos ennemis.
Pour vous aiguiller un peu et rendre cette explication plus claire, je vais vous donner un exemple : une âme a choisi de s'incarner sur terre en tant qu'homme, un nommé Pierre, et a choisi une famille avec une mère aimante, mais effacée, et un père violent qui ne donne aucune affection à ses enfants et ne sait pas remettre en question ses comportements négatifs (nous n'évoquons pas les problématiques émotionnelles des parents dues également à leurs propres blocages). Ses parents ont déjà vécu des vies similaires durant de précédentes incarnations. Étant donné qu'ils n'ont pas trouvé la solution dans

leur passé commun, ils revivent sans cesse le même schéma. Avant leurs incarnations terrestres, les parents de Pierre avaient fait, en tant qu'âmes, un pacte avec lui pour qu'il vienne mettre un terme à leur karma commun. Durant toute son enfance Pierre a été dévalorisé, violenté et n'a pas pu trouver refuge auprès de sa mère qui ne pouvait le défendre car elle était, elle aussi, tétanisée par son mari violent. Pierre s'est construit avec ces fondations. Il a expérimenté le monde avec une sensation de dévalorisation et de rejet. Il a pris des décisions en fonction de son vécu et vibrait à une certaine fréquence énergétique qui a attiré à lui les expériences de vie qu'il devait vivre. Pierre a déjà eu d'autres incarnations dans d'autres dimensions et a déjà des blocages antérieurs à résoudre. Cependant, il devra résoudre les blocages liés à son enfance dans cette incarnation-là, ce qui lui permettra de guérir de ses blessures émotionnelles. Sa fréquence vibratoire sera plus harmonieuse et attirera à lui des expériences de vie plus bénéfiques. Plus tard, Pierre sera amené à comprendre comment dénouer les problématiques liées à ses vies antérieures, son karma et sa famille d'âmes.
L'incarnation a un objectif. Cet objectif est de profondément guérir afin de mettre un terme à tous nos blocages vécus dans plusieurs dimensions.

Tout est énergie

Nous sommes une énergie incarnée dans un corps humain, émettant une fréquence vibratoire qui lui est propre. Cette énergie représente en quelque sorte la charge des émotions vécues et imprégnées en nous, qui émet une certaine fréquence vibratoire, positive ou négative.

Tout ce qui nous entoure est également de l'énergie. Nous vivons et interagissons dans une immense masse énergétique. Levez les yeux au ciel, vous verrez la lune et les étoiles... Même sans lever la tête, autour de vous, tout est énergie. Votre corps est fait d'énergie. Il est composé de cellules, molécules, atomes, etc. Notre corps est composé à 99,99 % de vide. Non pas un vide de rien, mais un vide empli de vibrations. Et ces vibrations répondent à nos pensées qui, elles-mêmes, sont vibrations. Vous ne voyez pas vos cellules, pourtant elles se déplacent grâce une énergie. Vos pensées sont également de l'énergie. Si vous regardez, à travers un microscope, un objet solide – par exemple une table, une plante ou un être humain – et que vous zoomez jusqu'à en voir les plus infimes particules, ce que vous verrez n'est pas à l'état solide. Ces infimes particules possèdent des vibrations. Nous percevons les choses comme solides seulement si elles apparaissent à nos yeux à une certaine échelle de la réalité. Une table paraît solide pour nous, les humains. Nous pouvons la toucher avec nos mains et sentir qu'elle est faite d'une matière solide. Mais la réalité est différente de ce qui est visible à nos yeux, qui est seulement une apparence. Tout, vraiment tout, est formé à partir de particules et d'énergie, et tout vibre à différentes fréquences. Nos cerveaux traduisent ces fréquences puis forment des choses pour qu'elles soient perçues comme physiquement réelles ou solides. C'est notre cerveau qui agglomère les énergies perçues pour nous montrer une table comme solide alors qu'elle ne l'est pas vraiment. Elle est composée de cellules végétales qui, elles, sont composées de molécules, qui elles-mêmes sont composées d'atomes, eux-mêmes composés de protons et de neutrons, ces derniers étant formés à partir de quarks. Dans l'état actuel de la science, les quarks ne sont pas formés d'autres composants, ce sont les choses les plus petites que nous connaissions. Finalement lorsque nous regardons la matière jusqu'à l'infiniment petit, tout n'est qu'énergie et vibration.

La pensée est créatrice

Il existe également des énergies non physiques comme nos pensées. Ces dernières sont de l'énergie qui vibre à différentes fréquences. Et à chaque fois que vous pensez, vous envoyez une vibration liée à cette pensée spécifique dans l'Univers. Lorsque vous émettez une pensée positive, elle vibre à une très haute fréquence ; a contrario une pensée négative vibre à une fréquence très basse. Penser ou dire « je t'aime » induit une meilleure et plus haute fréquence que son contraire : « je te déteste ». Plus vous allez vous concentrer sur une pensée, plus vous allez attirer et lier votre fréquence vibratoire à une autre du même type, elle en sera donc amplifiée.
Par conséquent, une vibration d'amour attire l'amour. Une vibration de haine attire la haine. C'est la loi de l'attraction en action. Si la majorité de vos pensées sont négatives, vous serez alors submergé par une vibration basse, alors qu'en émettant des pensées positives, votre taux vibratoire s'élèvera. Ainsi, quelle que soit votre fréquence vibratoire, vous attirerez à vous, comme un aimant, la même que celle émise.

Manifestez tous vos désirs par la loi d'attraction

Peu importe de quelle manière vous essayez de manifester ce que vous souhaitez, la pensée créatrice nécessite de penser

avant tout au présent, et d'avoir la certitude que votre souhait est déjà acquis au moment présent. Si vous projetez vos pensées dans le futur, vous n'obtiendrez jamais leur réalisation en retour. Ce que vous aurez sera simplement une pensée du type « j'aimerais acquérir ceci ». Par exemple si vous souhaitez attirer l'argent parce que vous n'en avez pas assez pour subvenir à vos besoins, il vous faut manifester le fait d'en avoir au présent et de vivre comme si cela était déjà acquis. Vous devez être dans la même intensité de joie que lorsque vous receviez vos premiers cadeaux de Noël. Vous devez donc créer la pensée positive de haute vibration suivante : *J'attire l'argent, mes finances vont bien, je suis riche, mon compte en banque est bien rempli de tant d'euros. Tout ce que je touche se transforme en or, je gagne de l'argent par plaisir, je réalise tous mes désirs. L'argent est un moyen que j'attire à chaque instant car je sais le faire grandir et le partager à bon escient. L'argent est actuellement présent dans ma vie. Je me sens complètement serein.*
Vous aurez remarqué qu'il n'y a aucun terme négatif ! Je n'ai pas énoncé : « J'attire l'argent, il faut qu'il vienne vite car je n'en ai plus, s'il te plaît, l'Univers ! Tout va bien dans ma vie (alors que je doute de moi), mais je ne veux plus que mon compte soit dans le rouge et je dois en finir avec les découverts ! » La présence de trop de termes négatifs ne sera pas en adéquation avec votre taux vibratoire. Si vous émettez des pensées mais que l'intention n'y est pas, ou qu'à moitié, cela n'aura aucun effet ! Mettez-y tout votre cœur, comme si c'était acté au présent, comme si vous étiez déjà arrivé à cet instant de bien-être et de soulagement où vous profitez de l'abondance !

Le pouvoir des affirmations positives

Vous pouvez faire ce rituel chaque jour, le jeu du « je me rappelle quand... ». Actez vos problématiques actuelles au passé, et projetez vos souhaits d'évolution au présent, comme s'ils étaient déjà réalisés. Ce rituel est très facile et vous aidera à projeter au présent la vie dont vous avez toujours rêvé. En revanche, vous devez réaliser ce rituel chaque jour. Ce sont des intentions positives qu'il est nécessaire de pratiquer régulièrement. Si vous ne le faites qu'une fois de temps en temps, c'est que vous n'avez pas pris conscience du pouvoir de cette attraction. Et l'Univers vous le rendra à l'identique. Si vous n'êtes pas prêt à le faire chaque matin, c'est que vous n'êtes pas motivé à changer, à vous transformer pour attirer le meilleur, et l'Univers ne vous donnera pas ce que vous souhaitez. Il agira en miroir, il ne vous en donnera qu'une infime partie car tout est lié à votre intention profonde, à votre immense motivation et surtout à ce que vous devez expérimenter pour votre incarnation. Il faut que cela vienne de votre cœur, de vos tripes. Chaque chose se mérite ! Rien n'arrive sans rien faire. Changer son mode de pensée n'est jamais simple. Aussi, entraînez-vous quelques semaines en prenant un instant chaque matin au réveil pour projeter au présent ce que vous désirez. Ce mode de pensée créatrice deviendra ensuite un mécanisme inné !

Je me rappelle quand j'avais d'énormes soucis d'argent, maintenant je peux m'offrir tout ce que je souhaite et je fais plaisir aux gens autour de moi.

Je me rappelle quand j'étais célibataire, maintenant je suis avec la personne de mes rêves.

Je me rappelle quand je vivais dans ce petit studio, maintenant je vis dans cet immense et magnifique appartement.

Je me rappelle quand je ne pouvais pas prendre de vacances, maintenant je voyage et loge dans de beaux hôtels.

Je me rappelle quand j'étais touché par cette personne qui faisait la manche dans la rue et à qui je ne pouvais donner qu'un seul euro, maintenant j'ai aidé à bâtir des résidences d'accueil pour les plus démunis et j'en suis très fier.

Cette liste de phrases positives n'est pas exhaustive. Trouvez l'affirmation de « votre vie d'avant » correspondant au désarroi que vous ressentez au présent. Actez ainsi au passé la ou les difficultés actuellement rencontrées car elles ne font pas réellement partie de vous. Le fait de projeter une vision positive alors que vous êtes encore dans l'embarras vous amène à ne plus alimenter votre situation actuelle en énergie négative. Vous modifiez la fréquence vibratoire de ce qui vous entoure. C'est toute l'importance de ce rituel. N'oubliez pas que vous attirez à vous ce que vous devez expérimenter. Si vous n'avez pas guéri de vos blessures, l'Univers vous amènera à vivre dans un premier temps l'expérience qui vous mettra sur le chemin de la prise de conscience et de la guérison. Vous ne pouvez pas non plus changer une autre personne et désirer ce qui dépend de quelqu'un d'autre. Par exemple, vous ne pouvez pas demander à l'Univers que le célèbre acteur Brad Pitt éprouve des sentiments pour vous. Cela dépend de son propre fait. Cependant, vous pourriez demander de positionner Brad Pitt sur votre chemin. Mais de là à ce qu'il tombe amoureux de vous est plutôt lié à votre destinée et non au fait de l'avoir souhaité par la pensée. Vous ne pouvez pas non plus demander que les gens vous aiment car cela reflète également une problématique émotionnelle non guérie. Prenez conscience de toutes vos blessures, celles en surface liées à l'ego, et les plus profondes liées à certains traumatismes vécus. Ensuite, projetez une pensée positive, vous serez conquis par ce procédé. Jouez comme un enfant. Plus vous gardez votre âme d'enfant, plus vous vibrez une énergie de pureté reflétant ainsi vos valeurs profondes.

Les égrégores chargés d'énergies positives ou négatives

Il en est de même pour l'égrégore. C'est une boule d'énergie chargée d'intentions positives ou négatives. La prière du *Notre Père,* par exemple, alimente un égrégore de pensées positives, une agrégation d'intentions, de désirs, dans un but défini. Les personnes répétant la prière : « Notre Père qui es aux cieux, que Ton nom soit sanctifié, que Ton règne vienne, que Ta volonté soit faite sur la terre comme au ciel… » souhaitent la guérison d'un proche, par exemple. Les prières sont utilisées en vue d'une aide, d'une guérison. On recevra en retour l'énergie positive nourrie par cet égrégore. Et on sera guéri si cela est prévu dans notre destinée. On peut ainsi aider à changer la destinée d'une personne avec des intentions d'amour très élevées et très pures. Plus vous serez nombreux à demander une guérison pour un proche, plus vos paroles seront entendues. L'union fait la force si cette union est AMOUR. Il en est de même en ce qui concerne les intentions négatives. Si un groupe de personnes a pris pour habitude de charger un égrégore d'énergies négatives, ce dernier renverra cette même énergie à son expéditeur. Si vous désirez faire du mal à autrui par des pensées néfastes, ou via des rituels de magie noire, vous serez automatiquement relié à un égrégore chargé négativement. Attention, dans un premier temps, cette énergie chargée négativement via vos pensées obscures reviendra en effet boomerang vers vous. N'oubliez pas : on attire ce que l'on vibre. Si vous envoyez des pensées négatives à quelqu'un, c'est que vous aimez également vivre dans une énergie malveillante. D'où l'importance de savoir quelles intentions choisir avant de focaliser vos pensées sur quelque chose ou quelqu'un. Vos pensées, quelles qu'elles soient, sont dotées d'une certaine puissance. Utilisez-les à bon escient.

N'oubliez pas que vous attirez à vous tout ce que vous devez expérimenter. Si vous n'avez pas guéri de vos blessures émotionnelles passées, vous allez en premier attirer ce que vous devez résoudre avant d'accéder au niveau supérieur.

Nous avons tous ce pouvoir car nous sommes constitués d'énergie, et notre âme garde cette fonctionnalité lors de nos différents parcours, qu'ils soient terrestres ou dans d'autres dimensions.

Le libre arbitre durant l'incarnation

Au-delà des premières clés que sont le prisme et l'âme, il existe une autre clé capitale pour votre évolution, votre libre arbitre. Sachez en effet que vous avez un libre arbitre. Vous décidez de prendre une décision ou non sur votre parcours de vie. Mais attention, le libre arbitre ne réside pas seulement dans vos choix au quotidien. À titre d'exemple, lors d'un trajet en voiture, vous pouvez décider aujourd'hui de prendre la route à gauche afin d'éviter un embouteillage. Si cet acte va engendrer quelques changements dans l'algorithme de votre vie, en revanche, cela ne va pas la chambouler. Le rôle de votre libre arbitre est plus profond. C'est votre choix de guérir. Vous devez renoncer aux schémas répétitifs négatifs par la volonté de vouloir les changer. Par exemple : j'ai le libre arbitre d'arrêter de m'apitoyer sur mon sort en répétant sans cesse que je n'ai jamais eu de chance dans ma vie, que je n'ai rien réussi, que ma vie est fichue, que tout est de la faute des autres... Je me centre alors sur mon mal-être et je n'ai pas un regard objectif sur mon comportement destructeur. De plus, en m'apitoyant ainsi, je mets sur pause la suite de mon incarnation... De ce fait, je me déresponsabilise des choix effectués auparavant en tenant compte consciemment ou inconsciemment de mon bagage émotionnel : j'ai pu être agressé enfant, mon père ne m'a jamais valorisé, j'ai été influencé par telle personne pour faire tel métier... Nous pourrions en nommer des plus ardues encore. Par ce vécu, j'ai déclenché d'innombrables décisions conscientes ou inconscientes. J'ai utilisé mon libre arbitre afin de guérir ou non en choisissant d'aller dans cette voie. J'aurais dû au contraire émettre un avis objectif en m'extrayant de la situation pour comprendre la problématique interne profonde lors de mes prises de décisions à l'instant *t*. S'extraire d'une situation, c'est observer ses réactions et guérir. Et les outils pour guérir sont nombreux. Il existe d'innombrables ouvrages dans le domaine du développement personnel. Ces ouvrages vous amèneront vers une prise de conscience mais le travail intérieur de guérison ne sera engendré qu'en surface. Vous pouvez amasser cent livres de développement personnel sans jamais guérir de vos blessures. Car vous ne pouvez vous aider seul. Vous pouvez ainsi consulter un psychologue, un hypnothérapeute, un sophrologue, etc. Mais ne restez cependant pas focalisé sur la psychothérapie. Nous intellectualisons nos actions et nos souffrances sans parvenir parfois à toucher notre inconscient, le cœur, où sont installées toutes nos paralysies émotionnelles qui doivent être conscientisées, désincrustées et nettoyées de notre être. Un hypnothérapeute vous aidera à effectuer 49 % du chemin. Vous devez être acteur du changement en réalisant les 51 % restants de ce travail de guérison. C'est à vous de donner l'accès à votre subconscient et inconscient pour faire ressortir les blocages ancrés émotionnellement. C'est grâce à différents outils acquis lors des séances thérapeutiques et en empruntant le chemin de la guérison que vous vous permettez de décider autrement dans votre vie. Vous vous choisissez. Ainsi, vous n'agissez plus en fonction de votre mal-être. Ceci est votre véritable libre arbitre : je me choisis, je me guéris de ce mal-être et je réalise mes propres choix en conscience, allégé de mes blocages émotionnels.

L'âme humaine est éternelle

L'âme, fragment de Dieu, est éternelle. Elle est une substance immatérielle qui survit à la mort du corps, une réalité purement matérielle. L'âme évolue selon une loi divine bien définie : l'incarnation. Elle ne peut évoluer sans passer par différentes étapes d'incarnation, dans un corps matérialisé dans une dimension spécifique. Pour illustrer mon exemple, l'âme s'incarne dans un corps humain, sur la planète Terre. Lors de son incarnation, l'âme ne se souvient pas de ses choix de vies et de sa dimension divine. Elle évolue, grandit en fonction de son expérimentation dans la matière et de ses choix. L'âme possède un libre arbitre, celui de guérir. Si elle ne guérit pas, elle n'évolue pas. Guérir, c'est comprendre ses actes, ses blessures émotionnelles et évoluer. Plus vous guérissez, plus vos choix sont « positifs ». Ce cycle de réincarnation est presque éternel. Presque, car une fois que l'âme a atteint le plus haut niveau, celui de l'amour inconditionnel, elle ne se réincarne plus. Elle a une autre mission au sein du monde de l'invisible. Elle peut devenir un guide spirituel pour les humains, un ange, un être de lumière...

L'âme et l'esprit

L'âme est une substance énergétique qui contient l'esprit. Elle est un élément spirituel, de nature immortelle. C'est la substance, l'énergie, la vie. Quant à l'esprit, c'est le principe de la pensée, qui est aussi immortel. Il représente la capacité qui permet à l'homme de concevoir et de vouloir. Il exprime aussi le souffle et la puissance de vie qui animent l'homme. Notre essence divine intrinsèque, ou l'âme dans son absolu, est un concentré d'énergie dotée d'une mémoire, d'une intensité, d'une vibrance, d'une fréquence, d'une couleur, etc. L'Univers tout entier n'est qu'énergie et données chiffrées. Rien n'est là par hasard. Nous sommes tous reliés, nous sommes tous UN.

Le cycle du karma ou la destinée

Puisque l'âme évolue selon des cycles bien définis, le karma peut être défini comme la mémoire des différents cycles vécus. C'est le passé, à l'échelle de l'âme. Le karma peut être vu comme l'effet boomerang des actions passées et/ou des vies antérieures sur notre présent.

Le contrat d'incarnation (ou mission de vie)

Lorsque vous êtes incarné dans le corps que vous avez choisi, vous pouvez, dans certains cas, préférer renoncer à votre mission de vie. Et ce, dès l'état embryo-fœtal (vers la cinquième semaine d'évolution du bébé), lorsque le cœur commence à battre et que l'âme a déjà rejoint le corps du fœtus. L'âme peut en effet décider de stopper son contrat d'incarnation à n'importe quel moment. Cela engendre un effet papillon entraînant certaines conséquences sur la vie future de la mère, de la famille, etc. Toutes ces actions auront été décidées avant l'incarnation, dans l'autre monde. Le but étant pour ceux qui restent sur terre de transformer chaque situation douloureuse en événement positif, même si cela ne paraît pas évident.

Vous pourrez choisir de remplir votre contrat et d'aller au bout des épreuves que vous rencontrerez. Dès l'essai transformé, après un long parcours de choix et de guérison, votre être sera accompli dans son entièreté. Votre âme aura mué de toutes ses anciennes peaux et aura atteint un nouveau seuil d'évolution et de positivité. Faut-il une seule incarnation pour arriver à cette concrétisation ? Cela dépendra de vos actions engendrées ou non dans cette vie.

Vos valeurs, votre façon de penser, vos actions, vos réactions dépendent de la façon dont la société a voulu vous modeler et si vous avez été sensible ou non à ces influences extérieures. Vous pouvez avoir été récalcitrant à ce conditionnement direct ou indirect, imposé ou non. Nous sommes formatés par le biais de ce que l'on nous apprend, de ce que l'on nous montre du monde et par la vision des parents et éducateurs qui nous ont élevés.

Une âme n'arrive pas sur terre sous forme brute dans la plupart des cas, car elle se réincarne incessamment selon une échelle évolutive bien déterminée. Mais il se peut aussi que des âmes différentes s'incarnent sur terre : des âmes « basiques » (dénuées d'amour, mais qui ont une nouvelle chance de faire leurs preuves sur terre pour grandir), ou des âmes d'amour absolu, semblables à des anges. Elles peuvent s'incarner sous différents types de corps humains comme ceux porteurs d'un handicap mental et/ou moteur, ou toute autre « pathologie ». Elles arrivent également avec un « logiciel » déjà programmé pour respecter au mieux le contrat d'évolution choisi avant l'incarnation.

Les preuves physiques des vies passées

Vous remarquerez parfois que certaines personnes ont des taches de naissance spécifiques, un membre en moins ou des facultés limitées. Cela peut parfois être relié à des vies antérieures. Une énorme tache rouge sur la peau pourra indiquer une brûlure subie auparavant dans certaines circonstances. Une marque prononcée dans l'iris pourra déterminer une flèche reçue dans la tête lors d'une vie passée. Un bras en moins pourra être la preuve d'un membre tranché lors d'une bataille. Des personnes dont une partie du corps est fusionnée, les siamois, pourront être le reflet de deux âmes voulant être réincarnées ensemble pour s'épauler dans leur incarnation terrestre.

Mais évidemment, on ne peut généraliser, tout n'est pas lié aux vies passées et tout ne s'élucide pas par une simple et seule explication. Ce n'est donc pas parce que vous avez une tache de vin sur le visage que vous avez forcément vécu un traumatisme dans une autre vie qui y serait lié.

Vous dites parfois de certaines personnes qu'elles sont érudites, que ce sont des virtuoses, de hauts potentiels, etc. En réalité, elles ont activé cette « option » avant leur incorporation. Certaines âmes sont incarnées simplement pour vivre l'amour ou donner de l'amour, et cela de façon très pure. C'est le cas de certains autistes ou personnes dites « handicapées ». Je déteste cependant ces termes qui mettent les êtres dans des cases avec des étiquettes pour les catégoriser. Une personne autiste pourra être une âme surdouée et avoir une grande facilité d'abstraction (la pensée mathématique qui calcule en une seconde ce qui prend plusieurs minutes avec une calculatrice pour ceux qui n'ont pas ces capacités). Cette âme d'autiste pourra ne pas être dotée de la parole mais n'avoir que des gestes attendrissants.

Imaginez que, en fonction de votre incarnation, vous n'ayez pas la même perception du monde. Das notre société, le noyau élitiste a tendance à propager ses codes physiques et intellectuels au plus grand nombre pour en faire des références désirées par tous. Nous avons tous envie d'avoir telle marque à la mode pour montrer que nous avons de l'argent, de créer tel business pour rejoindre le haut de l'échelle sociale... En conséquence, une infime partie en dehors de ces normes rencontre des « problématiques », liées par exemple à un handicap physique ou mental. Mais ces problématiques peuvent aussi être liées au fait de se sentir différent simplement parce que l'on n'adhère pas aux principes de la société. Vous serez alors vu comme un marginal car vous ne partagerez pas les valeurs de la plupart des gens. Puisque les différences sont perçues comme « anormales »,

vous serez relégué dans la case « être faible et anormal ». En revanche, certaines personnes vont présenter de bonnes capacités intellectuelles ; elles deviennent alors redevables envers la société, des modèles et des exemples à suivre. Il s'agit de schémas extrêmement restrictifs. En aucun cas, vous n'avez l'obligation de les suivre en vous adaptant. Il ne faut jamais classer les personnes par catégorie et/ou les distinguer par ordre d'importance.
L'humain devrait plutôt réfléchir à adapter la vie en général à toutes formes de différences. La vie de tous les jours pourrait en être facilitée...

La vie après la mort et le retour dans l'incarnation

Lorsque l'âme quitte son habit de chair, elle retourne d'où elle vient, l'au-delà, le monde de l'invisible. Elle retrouve l'Unité, l'amour divin, la lumière énergie d'amour qui est dotée d'une forme d'intelligence exponentielle illimitée. Dès le passage de l'autre côté du voile, vous savez tout sur tout. La science, les mathématiques, l'Univers, la galaxie, les planètes, le corps humain, les animaux, la nature, l'alchimie, la médiumnité, etc. Vous savez tout sur tout, comme un Einstein 2.0 en quelque sorte. Vous n'êtes pas non plus accompagné de vos maux ou problématiques terrestres. Un malentendant ne le sera plus et retrouvera sa faculté d'audition : dans le monde d'énergies dans lequel il évolue dorénavant, les sons et les voix sont perçus comme des vibrations, par exemple. Il s'agit plutôt d'une perception dans cette dimension : vous n'entendez pas au sens propre du terme car vous n'avez pas d'oreilles mais vous percevez tout en mode télépathique en

quelque sorte. Via l'énergie qui nous relie, vous « entendez », « recevez » des sons et des images et vous pouvez renvoyer autour de vous vos propres pensées, images et sons.
Une personne multi-handicapée, amputée, malvoyante ou encore ayant vécu une maladie lourde, comme un cancer, n'emportera pas avec elle tout ce bagage dont les conséquences ne sont présentes que durant son incarnation. Vous ne souffrez pas éternellement de vos problématiques terrestres. Une personne violée ou assassinée ne revit pas constamment la même scène de l'autre côté du miroir. Parfois, elle demandera à éluder le crime qu'elle a subi et à retrouver le criminel afin de le punir et rééquilibrer les énergies avec plus de justesse pour les vivants et pour sa propre évolution de l'autre côté du voile. Ce n'est d'ailleurs pas tellement pour que justice soit faite, car cela reste une notion très humaine. Mais cela permet d'acter les faits. Si une personne a fait du bien ou du mal il faut que cela soit mis en évidence pour rétablir l'ordre des choses dans la matière, tout comme dans l'autre monde. Cela a également une importance capitale pour la libération émotionnelle des différentes personnes attachées à cette situation. Par exemple, si un enfant est décédé victime d'un crime abominable, la sentence établie pour les faits commis par le meurtrier apportera une certaine libération aux parents. Cela ne changera pas ce qui s'est passé, mais cela permettra de rétablir la vérité. L'enfant pourra évoluer sereinement dans l'au-delà, car ses parents ne resteront plus bloqués sur ce qui s'est passé, même s'ils n'oublieront jamais la douleur liée à la perte de leur enfant. Ils auront un léger poids en moins sur leur destinée en ayant accompli par amour un geste mémorable pour leurs âmes respectives. Toute action doit se faire dans l'amour, même si c'est pour

rétablir la vérité. Le criminel essaiera de comprendre ses actes. Cela lui ouvrira des portes vers sa guérison afin de cesser d'agir de façon négative. Une vie terrestre ne suffit pas à comprendre ses actes ou la façon de se débarrasser du négatif. Il faudra certainement plusieurs incarnations dans différentes dimensions pour effacer son ardoise.

En définitive, si de l'autre côté nous sommes omniscients, pourquoi, une fois incarnés, nous ôte-t-on certaines capacités ? En réalité, avant votre incarnation, vous choisissez de vivre un chemin de vie spécifique, pour dépasser vos blocages émotionnels transgénérationnels et faire évoluer votre âme dans un corps incarné. Vous n'auriez certainement pas besoin d'être un musicien doté de l'oreille absolue pour sauver des vies, être ébéniste ou guérisseur. Certains appellent cela le « karma ». Si la vie sur terre était semblable à l'autre monde, à quoi servirait l'évolution de l'âme ?

Wolfgang Amadeus Mozart avait choisi de savoir jouer du piano dès son plus jeune âge, certainement pour éduquer nos oreilles à une musique similaire à la musique céleste. Similaire quoique différente en même temps, en ce sens où, dans l'autre monde, la musique céleste n'est pas seulement un son. Elle est également une couleur, une vibration, une énergie. Elle émane de l'amour. Elle contient de la lumière. Elle a une intensité. Elle sait ce que nous ressentons lorsque nous la vivons. La musique de l'au-delà vit ! Elle est un univers de choses complexes.

Albert Einstein avait choisi le domaine de la physique pour son incarnation terrestre. En tant qu'âme, il avait choisi d'éveiller le monde terrestre par ses capacités intellectuelles poussées. Notre cerveau est l'ordinateur où sera préinstallé le logiciel contenant les données spécifiques à notre expérience humaine. En ce qui concerne Einstein, le logiciel préinstallé concernait le savoir mathématique, métaphysique, quantique, etc. Il n'était probablement pas très doué en dessin ou en confection de tapisseries. Leonard de Vinci, Victor Hugo et bien d'autres – peut-être même vous – ont été potentiellement incarnés pour une raison noble dans le but de faire progresser le monde…

Chaque âme incarnée a un rôle à jouer

Nous avons toutes et tous un immense rôle à jouer sur terre et dans l'autre monde. Même si vous n'êtes pas forcément très connu sur cette terre à l'époque actuelle, vous avez et avez eu un effet sur le monde. Votre travail, vos rencontres, les émotions que vous avez pu déclencher en vous et chez les autres, tout ce que vous avez pu apporter aux personnes croisant votre chemin et inversement, tout a eu un impact dans ce monde. Nous sommes ici pour véhiculer l'amour. Transmettre des valeurs.

Einstein nous a transmis ses valeurs et connaissances pour nous permettre de comprendre la théorie de la relativité, la physique quantique, afin d'évoluer et comprendre que le monde est tout autre que ce qu'il semble à nos yeux physiques. Léonard de Vinci, visionnaire hors pair, nous a transmis un autre savoir qui nous a permis également une évolution matérielle et conceptuelle. Tous ceux qui nous ont précédés ont eu une appréhension du monde différente : ils nous ont montré que le monde n'est pas tel que nous le voyons avec nos yeux humains. Le monde est construit de multiples couches avec des valeurs, des formules mathématiques comme le nombre d'or (le coefficient de la proportion

parfaite, représentant le plus haut niveau d'harmonie). Et même si Einstein ne l'avait pas encore démontré, nous arriverons certainement un jour à déclarer que la lumière est nécessaire à la vie et que l'amour est l'énergie universelle présente en chaque être.
Les génies et visionnaires se sont incarnés pour faire évoluer notre connaissance sur le monde, quand d'autres sont venus pour des raisons différentes. Vous, comme moi, nous sommes incarnés pour une raison particulière. Nous n'avons besoin que de certains éléments nécessaires à notre évolution, à notre chemin de vie, pour avancer. C'est pour cette raison qu'une partie de notre « mémoire » d'âme a été supprimée car nous devons agir selon les données qui seront utiles à notre incarnation. Pensez-vous qu'il vous serait utile d'avoir dans votre logiciel d'incarnation la théorie de la relativité ? Non ! Ce n'est pas parce que vous n'êtes pas mis en avant sur la scène médiatique, ou que vous n'avez pas de prix Nobel, que votre incarnation ne sert à rien. L'Univers prévoit pour vous un logiciel, ou programme d'incarnation, utile à votre évolution d'âme, c'est déjà bien suffisant ! L'ego ne devrait pas entrer en jeu dans notre évolution. Il peut être un vecteur mais il ne devrait pas être trop valorisé car il a tendance à détruire la vie par son attitude arrogante et son omnipotence.

Les trois clés de l'évolution spirituelle : un nouveau prisme, l'âme et le libre arbitre

Je vous ai donné trois clés pour votre évolution, vous ouvrir à une nouvelle façon de voir la vie et exister dans le monde : voir la vie ici et maintenant, sous un nouveau prisme, reconnaître l'existence de l'âme et savoir que chacun possède un libre arbitre. À ce stade, vous avez désormais toutes les clés en main pour appréhender votre chemin de vie de façon positive et sereine.

Vos blocages émotionnels, professionnels ou psychologiques sont liés à des expériences souvent vécues de façon négative. Vous cristallisez alors cet événement en vous, le codifiant comme « négatif » dans votre fréquence énergétique mais aussi comme source de difficultés dans le plan mental, émotionnel et physique et dans votre inconscient. Cela engendre des conséquences sur votre destinée et les actions que vous entreprenez par la suite. Cela peut également se répercuter sur vos enfants ou sur toute personne directement ou indirectement en lien avec vous. Vous allez communiquer aux autres vos malaises, votre façon d'appréhender le monde par vos actions et réactions mais aussi par votre fréquence vibratoire, l'énergie que vous dégagez. Cela ne sera pas forcément juste. Vos enfants devront alors guérir des blessures que vous leur aurez transmises inconsciemment.

D'où l'importance de vous libérer de tous vos blocages émotionnels pour agir en conscience, et non plus réagir de façon négative en étant conditionné par vos peurs et paralysé face à certains obstacles.

Une fois cet ensemble de données intégré, vous pourrez créer votre chemin de vie distinctement et voir votre vie à travers un nouveau prisme, relié à l'amour de soi, des autres et de la vie.

Chapitre 2

LA MÉDIUMNITÉ ET LA VOYANCE

Médium ou voyant ?

Les notions de médium et de voyant sont parfois confondues. Selon la définition du dictionnaire Larousse, un médium est une « personne capable de percevoir, par des moyens apparemment surnaturels [tel un sixième sens], les messages des esprits des défunts et de servir d'intermédiaire entre les vivants et les morts ». C'est également une « personne douée de talents paranormaux ».

Un voyant, quant à lui, aurait la capacité de lire l'avenir ou le passé tel un visionnaire, devin ou divinateur, avec ou sans support (cartes de tarot ou oracle, marc de café...).

Mais il y a évidemment plusieurs façons de décrire une personne disposant de capacités médiumniques et une autre dite « voyante ».

Les capacités d'un médium

Afin d'y voir plus clair, qui de mieux placé qu'un médium pour vous donner sa propre définition et vous expliquer les différentes capacités dont il est doté ?

Transmettre les messages de l'invisible

La médiumnité est avant tout la capacité d'être un canal qui fait le lien entre deux mondes : entre la terre (notre monde terrestre) et l'au-delà (le monde des morts, des défunts et des âmes, imperceptible pour certaines personnes).
Vous rappelez-vous la notion d'âme ? Vous possédez une conscience extraneuronale qui se déploie en dehors de votre corps. La personne humaine est un être à la fois corporel et spirituel. L'être spirituel est nommé « âme » ou « esprit », deux éléments qui sont une partie incorporelle de l'être humain. L'âme est une substance contenant l'esprit, comme le corps est le véhicule physique de l'âme. Au moment de votre mort, votre âme, et votre esprit puisqu'ils sont liés, passe dans l'autre monde, dans l'au-delà. Lorsque vous êtes « mort physiquement », vous devenez un défunt ou une défunte pour ceux encore vivants sur terre. Le médium pourra entrer en contact avec les défunts, ou plus précisément avec leurs âmes-esprits, situées dans l'au-delà.

Le contact médiumnique avec les personnes décédées

Cette capacité ouvre la voie à une autre faculté, celle de pouvoir retranscrire les messages de nos proches disparus situés dans l'au-delà. Au lieu de « retranscrire », je pourrais dire « transmettre ». Il est difficile de mettre des mots sur cette capacité impalpable mais, en simplifiant, je pourrais la comparer à une « retranscription » à la façon des ondes d'une radio : j'agis en tant qu'antenne radio, en mode réception. J'active cette faculté avec mon âme-esprit. Je ne passe plus par mes facultés intellectuelles liées à mon cerveau mais j'utilise mon âme-esprit pour recevoir les messages du monde de l'invisible, sans les interpréter (en restant neutre). Les messages des défunts sont tous différents les uns des autres par leur fond et leur forme. En effet, ils peuvent prendre la forme de rébus, de charades, de pensées, d'images, de vidéos projetées dans mon esprit, de sensations corporelles ou auditives, ou encore de dessins ou d'écrits. Les messages sont parfois des projections de l'ancienne forme humaine du défunt, lorsqu'il était incarné dans le monde terrestre. Dans ce cas, les défunts ne sont pas forcément présents dans la pièce. Ils vont plutôt se découvrir à mes yeux sous une forme spectrale, une forme blanche transparente. La vraie complexité pour moi réside dans le fait que ces messages sont bruts. Ils arrivent en masse et je ne peux les trier. Je dois faire le maximum pour récolter le plus d'informations possible. Lorsque j'ai toutes ces sensations, je ne sais pas exactement ce que le défunt, les guides ou les anges ont à me dire. Je ne suis que le canal qui leur permet, à un moment *t*, l'impression de leurs messages dans mon esprit et à travers mes sensations corporelles. Je suis en quelque sorte l'imprimante Bluetooth des messages de l'au-delà ! Les défunts me montrent souvent la façon dont ils ont quitté la terre. Si une personne est morte d'une crise cardiaque, j'aurai le cœur serré et une image de départ s'imprimera dans mon esprit pour me faire comprendre que c'est de cette façon que l'âme est partie rejoindre le monde des défunts. Ces derniers me font vivre ce genre d'expérience via mes sensations pour que je comprenne les messages qu'ils ont à me transmettre.

Au travers de ces premières explications, volontairement simplifiées, mon fonctionnement et mes facultés médiumniques devraient vous apparaître déjà plus clairement. Il m'a fallu des années pour appréhender cette capacité, canaliser ces flux d'informations et apprendre à retranscrire avec justesse, et sans interpréter, les messages de l'au-delà. C'est sûrement pour cette raison que j'écris ce livre à un moment de ma vie où je maîtrise enfin, avec maturité, cette capacité. Un autre aspect de mes facultés médiumniques est en lien avec la personne à qui je transmets le message d'un défunt. Vous qui me suivez sur les réseaux sociaux, vous savez que j'évoque souvent les « consultants », ces personnes qui viennent me voir pour recevoir un message d'un défunt. Là aussi, il m'a fallu du temps pour appréhender les informations qui viennent du consultant et celles émanant du défunt tout en gardant une certaine neutralité afin de concentrer mes capacités sur la réception et la transmission des messages. Je dois avoir en effet assez d'empathie pour me relier à l'énergie du consultant sans m'en imprégner totalement afin de ne pas sombrer dans ses émotions, parfois intenses. Un consultant peut ressentir une tristesse profonde lorsqu'il recherche un contact avec un défunt, son attente est forte et ses projections sont parfois importantes. Le but pour moi est de rester dans une énergie d'amour et de compassion afin de transmettre les messages sans interrompre cette connexion sacrée, par un trop-plein émotionnel, ou des jugements de ma part, par exemple. Le temps m'a appris à maîtriser toutes ces énergies et à focaliser mes perceptions sur la réception/transmission. Vous qui me dites parfois que j'ai l'air fatigué, vous comprenez désormais quelle en est la raison !

Les messages transmis par un médium

Même si les messages des défunts sont bruts, ils demeurent généralement très précis. On est loin du message type :

« Tout va bien, je t'aime, je suis dans la paix. » Je reçois un nom, un chiffre, une sensation liée à une maladie, etc., tout cela de façon précise. En revanche, je n'aurai jamais de retranscription mot à mot. C'est-à-dire que je ne pourrais pas écrire un roman avec les messages perçus. Ce sont des captations brèves et précises sans pourtant être un récit.

Ces messages peuvent concerner à la fois le vécu du défunt ou de la personne qui me consulte, et ce qu'il va se produire. Dans ce dernier cas, l'objectif du message que je reçois et transmets est souvent de prévenir ce qu'il pourrait advenir si la personne reste bloquée sur « Pause » et n'avance pas, bref si elle n'agit pas sur son chemin de vie pour en modifier les grandes lignes. Il faut savoir que les défunts, les anges ou les guides ne sont pas forcément en adéquation avec le fait qu'un consultant semble rester dans une situation stagnante. Dans ce cas, il n'est pas rare que les messages aient vocation à faire réagir le consultant et l'aider à changer.

Témoignage de Jeanine

Une expérience médiumnique au supermarché

J'aime illustrer mes propos d'expériences vécues, très concrètes. Il y en a de nombreuses ! En voici une récente, vécue en décembre 2020. C'est un exemple de messages transmis par l'invisible dans le but de faire réagir une personne qui se trouve dans une situation figée ou qui semble avoir pris une mauvaise direction…

Je me rends avec un ami dans un supermarché de la ville d'Anglet, dans le Pays basque, pour y faire quelques courses. Lors de notre retour sur le parking pour déposer nos sacs dans le coffre de la voiture, une femme âgée, assez petite, aux cheveux roux, s'approche de nous. Cette dame, nous l'appellerons Jeanine.

— Messieurs, excusez-moi, mais ma voiture vient de se faire percuter par une autre en sortant du parking. J'avais pourtant bien regardé de part et d'autre avant de m'engager, mais un homme a foncé sur mon automobile. Le phare avant gauche de ma voiture est abîmé et j'ai retrouvé sur la route ce morceau rond en plastique qui viendrait de mon pare-chocs. J'ai voulu suivre le conducteur pour faire un constat mais en vain. Il a pris la fuite ! Pouvez-vous m'aider, s'il vous plaît ? J'aimerais savoir si ma voiture va redémarrer et si je peux reprendre la route.

Nous nous regardons, mon ami et moi, et je lève les yeux au ciel en me disant intérieurement : « J'ai compris, les anges, si cette dame vient vers moi, ce n'est pas un hasard. Alors, je vais l'aider ! »

— Accompagnez-moi à votre voiture, madame, je vais regarder cela de plus près.

— Vous voyez ? C'est là ! La pièce en plastique doit venir de cette partie… Il y a des fils électriques qui pendent, est-ce gênant pour repartir ?

— Effectivement, cela vient du bas du pare-chocs ! Ça n'a pas l'air grave, il suffira de fixer la pièce. Le garagiste vous arrangera ça rapidement. Et pour ce qui est des fils, ils ne sont reliés à rien de spécial. Vous pouvez être tranquille. Cependant votre phare gauche est bien enfoncé. Il faudrait que vous montiez dans la voiture et qu'on vérifie ensemble si vos feux clignotants et vos phares s'allument, puisque la nuit commence à tomber.

La dame, déstabilisée par ce qui vient de se produire, me raconte une énième fois l'accident. Pendant que je l'écoute, mon cœur se met à battre la chamade et des flashs se présentent à moi. Tout va très vite et j'entends : « Dis-lui : André ! André ! André ! » C'est tellement intense que je me dois de lui dire ce prénom !

— André ! André ! Cela vous parle « André » ?

— Oh ! Mais qu'est-ce que vous me dites là ?

Elle est interloquée.

— Vous vous moquez de moi ?

— Mais non ! Je ne me moque pas de vous. On me dit de vous dire « André ! » C'est bien votre ex-mari n'est-ce pas ?

— Vous me faites une blague ? Vous habitez la région, c'est ça ?

— Non, je n'habite pas ici.

— Ce n'est pas possible... André est bien mon ex-mari, mais...

— Mais il est mort subitement à 50 ans...

— Enfin, comment savez-vous ça ?

— Oui, il est mort d'un coup à 50 ans d'une crise cardiaque ! Il me dit que vous avez un problème à la hanche. Est-ce vrai ?

— Oui ! Ça alors ! Je ne peux pas y croire ! Comment faites-vous ? Vous ne pouvez pas parler à mon mari décédé, c'est impossible !

— Si, je suis médium !

— Comment ça, médium ?

— Je parle aux morts. Ou plutôt ce sont eux qui viennent à moi...

— Mais ce n'est pas possible ! Alors à quelle hanche ai-je mal ?

Elle est si abasourdie qu'elle veut savoir si je peux deviner d'autres informations.

La dame se tient face à moi lors de notre discussion. Je ressens le mal au niveau de ma hanche droite, comme par effet miroir, je lui désigne donc la jambe faisant face à la mienne. Elle me répond que c'est son autre jambe et que je suis forcément dans l'erreur.

— Mais c'est bien votre hanche droite qui vous fait mal et pas la gauche ? On est d'accord ?

— Oui, mais vous me montrez ma jambe gauche alors que c'est l'autre.

— Excusez-moi, mais j'ai montré votre jambe gauche étant donné que c'est celle qui fait face à ma jambe droite, comme dans un miroir. Je ressens les émotions et les douleurs des personnes par empathie et en vous répondant rapidement, je n'ai pas pensé à inverser l'image, puisque vous étiez face à moi. Ce n'est pas grave. J'aurais dû prêter attention à ce détail.

— D'accord ! En tout cas bravo ! Il fallait le deviner !

Mon ami nous rejoint. La dame l'interpelle :

— Oh, vous savez quoi ? Il m'a parlé de mon ex-mari, André ! Vous êtes du coin, vous ? Vous ne me connaissez pas au moins ? Cela dit, je ne vous ai jamais vu ! Votre ami a commencé à me parler d'André, puis de ma hanche qui me fait mal ! Il est étrange... comment fait-il cela ?

La dame poursuit son interrogatoire :

— Tenez, on va voir si vous trouvez ! Combien de fois suis-je tombée cette année ?

En regardant mon ami, elle lui fait un clin d'œil comme pour essayer de me tester !

— Enfin, je suis médium, je ne suis pas devin ! Regardez sur mon téléphone, j'ai un site Internet. Vous me reconnaissez sur la photo ?

Tout en lui prouvant ma bonne foi, j'entends un message dans ma tête : « Dis-lui : trois fois ! »

— Vous êtes tombée trois fois cette année !

— Mais comment savez-vous ça ? Cette histoire est complètement folle ! En effet, je suis bien tombée trois fois cette année ! Votre ami est incroyable ! Eh bien, dites-moi encore : quel âge pourrais-je avoir ?

— Alors là, vous êtes coquine, me demander votre âge, comme si je savais tout !

Tout en lui répondant, son ex-mari André ou bien mes guides m'apportent cette information attendue : « Dis-lui : 87 ans, ça va la bluffer ! »

— Vous allez avoir 87 ans bientôt !

— Mais oui ! J'aurai 87 ans en mars ! Vous êtes extraordinaire ! D'où sort-il votre ami ? Parce qu'alors là, chapeau !

— Quel est votre prénom ?

— Jeanine, et vous ?

— Nicolas-David. Enchanté ! On me dit que vous avez rencontré quelqu'un il y a peu de temps. Il y a quatre ans, est-ce bien cela ? Cet homme vous a apporté beaucoup de bien-être dans votre vie mais vous n'êtes pas resté avec lui, pourquoi ?

— Oh ! vous savez, il était marié. Alors... Enfin, vous savez tout ? Je ne vous ai pas parlé de cette rencontre ? Ou alors je perds la tête ! Vous êtes sans filtre, comme garçon ! Donc pour tout vous dire, on ne pouvait même pas sortir ensemble dans la rue. Il fallait se cacher constamment, j'ai donc mis fin à cette relation. Et elle a effectivement duré quatre années.

— C'est dommage. C'est toujours agréable d'avoir une compagnie à votre âge. Vous avez l'air pétillante, pleine de vie. Vous devriez en profiter et ne pas faire comme vos sœurs.

— Ah ! oui, mes sœurs sont un peu aigries. Elles ne sont pas du tout comme moi !

— Oui, je le sais bien, c'est pour cette raison que je vous précise cela.

— Vous me faites rire ! Je n'ai jamais rencontré de médium de ma vie. Allez savoir si je vais pouvoir rentrer chez moi en toute tranquillité... Entre l'accident et votre rencontre, je suis toute déboussolée !

— Non, ça va aller ! Regardez comme vous souriez ! Ne tardez pas, vous allez être en retard.

— Merci pour votre aide et pour tout ce que vous m'avez dit. J'espère vous revoir une prochaine fois !

Jeanine est repartie chez elle à bord de sa voiture. Son retour a dû être aussi mouvementé que cette fin d'après-midi !

Et si vous utilisiez votre libre arbitre pour guérir de vos blessures ?

Que retenir de cette expérience incroyable ? Le mari de Jeanine, décédé, est venu lui apporter un message par mon intermédiaire. Jeanine était en effet dans un état de stagnation. Son mari lui a montré qu'elle pouvait être davantage dans l'amour et le lâcher-prise et qu'elle devait profiter des moments de sa vie sans donner d'importance à ce que pensent les autres.

On doit faire ses propres choix dans la vie, non pas en fonction de nos blocages émotionnels et de notre éducation et/ou nos conditionnements, mais en choisissant de guérir de nos blessures, pour retrouver une forme de liberté psychique et mentale. Cette voie de guérison des blessures, c'est ce que l'on appelle le « libre arbitre ». Choisir de ne pas guérir ne relève pas de notre libre arbitre, mais plutôt d'un « choix par défaut », lié à nos différents blocages.

La conséquence de l'usage de votre libre arbitre sur votre chemin de guérison vous permettra d'affirmer à l'Univers : « OK, j'ai fait le boulot, je suis prêt pour le stage suivant qui me permettra de vivre la suite de l'aventure. » Beaucoup d'entre vous pensent qu'être incarné suffit et que l'histoire est écrite à l'avance, alors autant ne rien faire et laisser se dérouler la pellicule du film de sa vie… Mais c'est là tout l'enjeu de votre libre arbitre ! Vous décidez consciemment ou inconsciemment de dire « stop » ou « on continue ! » à l'Univers.

Jeanine aurait très bien pu continuer à vivre la relation avec l'homme qu'elle aimait. De plus, elle a même reçu la bénédiction de son mari défunt ! Elle a choisi de cesser d'aimer bien que cela fût bénéfique pour elle. L'Univers vous donnera en effet tout ce que vous souhaitez, et même le pire ! Vous êtes d'ailleurs 99 % de la population à souhaiter le pire en clamant : « Je te l'avais bien dit que je n'avais pas de chance et que ça allait m'arriver ! Je le savais ! » Et pendant ce temps-là, le 1 % restant de la population émet des pensées positives créatrices et a presque tout ce qu'il souhaite dans la vie... Oui, presque tout, car cela dépend de plusieurs facteurs. Et vous ne comprenez pas pourquoi ces personnes voient leurs désirs exaucés, vous vous dites que ce n'est pas juste, que la vie est dure avec vous, etc. Vous ressentez alors en vous un sentiment d'envie et de jalousie au lieu de vous focaliser sur votre problématique intérieure, personnelle, et cela bloque l'arrivée de beaux événements dans votre propre vie.

Une autre anecdote frappante concernant l'un de mes consultants va vous permettre de cerner les situations où nous réagissons parfois trop à partir de notre ego et pas assez, voire pas du tout, à partir d'une vision plus spirituelle de la vie et la compréhension de ce que l'Univers veut nous faire comprendre pour évoluer.

Témoignage de Pierre

Une triste histoire d'argent et de dupe

À la fin de l'année 2020, un consultant, qu'on surnommera Pierre, a rendez-vous avec moi pour une séance dans mon cabinet parisien.

Dès son arrivée, un ressenti lié à la naïveté et à une arnaque me traverse instantanément. Il va falloir que je le lui fasse part de mes sensations, mais pas dans un premier temps. J'introduis donc la consultation en lui décrivant mes ressentis généraux concernant sa personne. Je vois le domaine du médical ainsi que celui du financier. Il me répond qu'il était auparavant directeur financier pour un grand hôpital à Paris et qu'il est désormais à la retraite.

— Je viens vous consulter au sujet d'une situation particulière qui arrive dans ma vie. J'ai besoin que vous m'éclairiez.

— Je vais voir ce que je peux faire pour vous, cher monsieur. Ou plutôt, ce que nous allons faire, puisque je ne saurais rien sans mes anges. On me montre qu'il y a un problème d'argent. Mais les oracles m'éclairent au sujet d'une rencontre avec un homme plus jeune. Je peux tout vous dire Pierre ? Je ne sens pas une très belle énergie autour de cette rencontre.

— Oui, bien sûr. Si je viens vous voir c'est que je n'ai rien à vous cacher.

— Entendu. Pierre, on me montre que vous aimez les hommes. Je vois bien que vous étiez marié mais maintenant, c'est différent, n'est-ce pas ?

— C'est exact.

— On me montre la photo d'un homme qui est plus jeune que vous... on est d'accord ? Brun, mince, très beau. (Je ressens cependant que cette photo n'est pas réelle.)

— J'ai une photo de lui, si vous voulez...

Tout en regardant la photo, je me dis qu'il y a quelque chose qui cloche dans cette histoire. Sur la photo, je distingue un grand et beau jeune homme aux cheveux bruns, mais je vois dans ma tête non pas un homme, mais une femme à la peau noire. Ce qui n'a rien à voir. Une impression d'arnaque m'envahit à nouveau. Je veux en savoir plus...

— Selon les cartes, vous avez envoyé de l'argent à cet homme résidant en Europe mais il n'a jamais pu venir. Il a toujours eu un empêchement bloquant son départ et ce serait d'ordre médical, n'est-ce pas ?

— Oui, c'est bien cela. Il habite en Turquie. En ce moment même, il m'écrit par SMS. Il n'a pas mangé depuis trois jours. Je ne sais pas quoi faire. Dois-je lui envoyer de l'argent ou non ? Ce que vous dites est vrai. Il a toujours été empêché de quitter son pays, la Turquie, où il réside actuellement, car il n'a pas réglé les frais hospitaliers à la suite de deux opérations chirurgicales.

— Et j'imagine qu'il vous a fait croire qu'il est orphelin, n'est-ce pas ? Quel est le rapport avec les États-Unis ? Je vois l'Amérique dans mes visions.

— Oui, il est américain et habite en Turquie. Son père l'a abandonné à l'âge de 3 ans et sa mère est décédée d'un cancer. Il n'a pas d'argent. Il a monté une société, mais tout est bloqué. Il se retrouve coincé dans ce pays sans pouvoir en sortir.

— Comment cela, tout est bloqué ? Vous avez des documents à me montrer sur lesquels je puisse me concentrer pour étayer mes ressentis ?

— Regardez ! J'ai un document de la douane espagnole car il a une énorme somme bloquée en Espagne.

— Comment ça, de l'argent bloqué en Espagne ? Mais on me dit qu'il n'y a pas d'argent bloqué ni en Espagne ni ailleurs. On me dit que vous êtes victime d'une arnaque.

— En fait, il m'a fait reprendre sa société à mon nom. De cette façon, il a pu faire transiter de l'or par bateau en Espagne pour que je puisse récupérer les lingots d'or afin de me rembourser l'argent avancé. Vous comprenez ?

— Je comprends bien mais, est-ce qu'on peut trouver cette société en la recherchant sur Google ?

— Non, étant donné que c'est une société qui gère de l'or, toutes les données sont cryptées et confidentielles.

À ce moment-là, je comprends que Pierre n'est pas du tout dans la réalité. Les messages des anges me le confirment. Il croit tout ce que lui dit ce soi-disant jeune homme… Le plus effrayant, c'est qu'il pense être remboursé des sommes qu'il lui a avancées. Il nage en pleine confusion dans cette histoire abracadabrante. Je tente de l'amener sur la prise de conscience de l'arnaque :

— Est-ce que vous l'avez au moins vu en vidéo, ce jeune homme ?

— Non, je suis plutôt vieille France et réservé. J'ai eu deux ou trois photos, cela m'a suffi.

— Vous ne l'avez jamais vu en vrai ? Ni eu au téléphone ? Ni même rencontré en vidéo ?

— Non, seulement par SMS.

— Vous n'avez jamais échangé de vidéo avec lui ?

— Non, mais ce n'est pas le problème. Je sais que je le verrai un jour donc cela me convient. Je fais avec…

— Pierre, quelle somme avez-vous versée à la douane espagnole ?

— Regardez sur le document, j'ai la preuve que j'ai bien réglé les frais de douane à hauteur de 25 950 euros. Mais seulement pour deux mois. Si j'attends encore trois mois, il faut que je verse à nouveau 40 000 euros, sinon ils ne débloqueront pas le container !

— Puis-je être franc avec vous, Pierre ?

— Oui.

— Pierre, écoutez-moi… Il n'y a pas d'or bloqué en Espagne.

— Si, regardez, le document fait preuve !

— C'est un faux document, Pierre... Est-ce que vous avez ces 40 000 euros ?

— Non, je ne les ai pas. Il me reste seulement 25 000 euros sur mon compte épargne. Je viens vous voir pour savoir si je dois prendre un crédit du montant restant afin d'honorer les frais douaniers et récupérer tout le restant d'or.

— Mais enfin, Pierre, est-ce que vous m'écoutez ? Je ne vois pas d'or ! Quel est le montant total que vous avez versé à cette personne ?

— 400 000 euros...

— Pardon ? 400 000 euros ? Mais les banques ne vous ont pas averti ?

— Si, mais j'ai insisté... Il fallait que je sauve ce gamin. Il a 24 ans. Je n'allais pas le laisser comme ça. J'ai fait virer l'argent sur son compte. Les premiers versements étaient de 10 000 euros, puis plus encore... En totalité, avec tous les frais, j'en suis à 400 000 euros. C'est pour cette raison qu'il faut que je règle ces frais douaniers pour enfin me rembourser. Il y en a pour deux millions en or... Ce sera largement suffisant pour récupérer la somme d'argent qu'il me doit.

— Pierre... Mon Dieu ! Mais vous vous rendez compte ? 400 000 euros ? Et vous êtes, je l'espère, propriétaire de votre propre appartement ?

— Non, cet argent était destiné à un achat immobilier justement ! Je suis ruiné ! Je n'ai plus rien. J'ai un fils de 25 ans. Je n'ai rien à lui léguer. Je suis foutu !

— Pierre, ce n'est pas un jeune homme perdu qui se cache derrière cet écran, mais un réseau d'arnaque !

— Vous croyez ? Ça m'étonnerait quand même ! Regardez, il m'écrit encore par SMS. Il va se débrouiller pour manger. Mais il m'inquiète. Je ne sais pas quoi faire...

— Il faut tout arrêter, Pierre ! Vous n'allez pas plus vous ruiner que vous ne l'êtes déjà ! C'est atroce ce qui se passe ! Et vous croyez encore qu'il y a de l'or en Espagne et que vous allez pouvoir être remboursé des sommes avancées ? Il va falloir vous rendre à l'évidence que vous vous êtes fait avoir... J'en suis désolé ! Mais, honnêtement, je ne peux pas vous dire que de l'or vous attend en Espagne et que, par magie, vous allez être remboursé sur les deux millions de lingots de cette société fictive ! Mes visions et mes perceptions médiumniques sont claires, cet argent n'existe pas. Mes anges insistent : vous êtes bel et bien victime d'une arnaque.

— Mais, Nicolas, comment puis-je faire ? Je le savais ! J'avais prié pour rencontrer quelqu'un de bien... Je me suis fait avoir ! Je ne méritais pas de vivre ça. Je n'ai eu que des emmerdes dans ma vie et ça continue. Je n'aurais jamais dû prier. Je ne suis déjà pas croyant. Voilà le résultat !

En regardant la statue de la Vierge Marie sur mon bureau, il lance :

— Je n'y croyais pas, à ces conneries de statues religieuses et tout le tsouin-tsouin ! Et voilà ! Merci de m'avoir mis dans la merde !

— Pierre, ils ne vous ont jamais dit, là-haut, d'envoyer 400 000 euros à un inconnu en Europe. Honnêtement, vous ne croyez pas avoir été aveuglé par cette situation et vos émotions ? C'est malheureux mais dites-vous que ç'aurait pu être pire... Un autre « médium » aurait pu vous dire :

« Continuez à payer, je vois de l'argent... » et vous auriez été complètement ruiné !

— Mais vous êtes sûr de ce que vous dites ?

— Oui, Pierre, il va falloir accepter que c'est une totale arnaque... J'en suis désolé.

Pierre est déstabilisé par mes annonces. Cette histoire me semble tellement folle ! Rien n'est cohérent, pourtant Pierre n'y a vu que du feu et y a laissé énormément d'argent.

Méfiez-vous vraiment des faux-semblants. Si vous traversez une profonde solitude et que vous faites confiance naïvement à des inconnus, il faut essayer de vous poser les bonnes questions : « Cette personne m'aime-t-elle pour moi-même, sans aucun intérêt ? Cette relation me fait-elle souffrir ou me met-elle en danger ? » Si vous répondez affirmativement à ces questions, fuyez !

Si seulement Pierre avait au moins rencontré ce jeune homme dans la « vraie vie » ou bien s'il avait eu une aventure réelle et non fantasmée, cela aurait pu être presque plus « acceptable », car il aurait vécu de vrais moments d'échange dans une relation concrète... Mais la conclusion aurait été la même : Pierre s'est fait arnaquer.

Toutes nos difficultés sont en réalité des leçons de vie !

Soyez méfiant vis-à-vis de certaines personnes que vous côtoyez et ayez parfois des doutes. Mieux vaut avoir des doutes infondés que de se retrouver dans ce genre de situation ! Ne soyez pas aveuglé par l'amour ou la recherche de l'amour. L'amour peut prendre plusieurs formes. Il est souvent le miroir de vos attentes, mais surtout la relation amoureuse que vous espérez tant sera en lien avec vos blessures émotionnelles. Ne soyez pas dupes. Restez alertes. Posez-vous la question de savoir si la personne aimée vous aime en retour, avec bienveillance. L'ego joue un rôle important dans les relations affectives. Le fait d'être aimé et reconnu par une autre personne enfle notre ego. Vous pensez être enfin aimé pour la personne que vous êtes. Vous êtes désirable. Vos attentes sont enfin comblées. Même si votre ego est flatté, il faut se méfier des faux-semblants et des manipulateurs. La chute n'en sera que plus dure une fois l'usurpateur démasqué. Prenez le temps de vous connaître, de guérir de vos blessures. Vous serez à même de cerner si une personne vous aime vraiment ou s'il y a anguille sous roche. L'amour est simple. L'amour est beau. L'amour n'est pas calculé. Il se vit paisiblement, sans heurts ni passion destructrice. L'amour guérit quand chacun des partenaires est en adéquation avec son être. Quand chacun a fait le pas d'aller vers sa propre guérison. Personne ne vous guérira de vos expériences passées. L'autre n'est pas un sauveur. Aucun des partenaires dans une relation amoureuse ne doit sauver l'autre à son détriment. À vous d'aller à votre propre rencontre pour vous aimer, puis être aimé sereinement.

Dans cet exemple, mes perceptions et le message des anges transmis à Pierre avaient vocation à le faire réagir, sur la situation et sur lui. Je n'ai été que le messager de cette alerte avec l'objectif de l'aider à avancer sur son chemin de vie.

Bon nombre de personnes âgées se font avoir par des pseudo-rencontres avec des personnes plus jeunes, parfois mal intentionnées. De nombreuses arnaques voient le jour en surfant sur ce phénomène de société. Ah ! L'orgueil de vouloir être aimé à tout prix ! Le fait de ne pas aller à sa propre rencontre pour guérir de ses blessures nous fait prendre des chemins qu'on n'aurait jamais dû emprunter... D'où l'importance de se poser, de prendre conscience de nos problématiques et de guérir. La vie nous a donc envoyés en stage de vie pour comprendre que si nous nous étions focalisés sur notre guérison, nous n'en serions pas à ce stade aujourd'hui.

La voyance avec ou sans support

Mais quelles sont les différences entre médiumnité et voyance ? La voyance est aussi une capacité psychique, mais la comparaison s'arrête là. En effet, c'est une capacité à voir dans l'avenir, de différentes façons. Certains voyants utilisent des supports comme les cartes, les oracles, le marc de café, la graphologie ou même la numérologie. Une branche de l'astrologie s'apparente également à de la voyance car l'on peut distinguer les événements futurs via le placement des planètes en transit.

On peut très bien voir le futur sans support, par clairaudience ou clairvoyance. La clairaudience est la sensation d'entendre des messages de l'invisible, non audibles par tout un chacun. La clairvoyance s'apparente à voir par le troisième œil. Il s'agit de projections, visions et flashs qui semblent émerger de la zone active entre les deux sourcils, bien connue des Indiens, reliée à l'intuition. Mais ne vous massez pas cet endroit, comme je l'ai souvent entendu dire pour activer cette zone, cela ne fonctionnera pas... Voir par le troisième œil est une métaphore. Les images se dessinent dans notre mental.

La clairsentience peut également être importante pour certaines personnes voyantes. Elle se définit par le fait d'avoir des sensations corporelles qui aident à transmettre des messages. Les entités, guides, anges et défunts font ressentir de l'énergie positive ou utilisent toutes formes de vibrations et de sensations corporelles pour nous faire comprendre un événement marquant. Par exemple, un défunt pourra exercer une pression sur ma poitrine et mon bras pour me faire comprendre qu'il a quitté ce monde à cause d'une crise cardiaque. L'objectif, vous l'aurez compris, est de retranscrire certaines sensations et certains messages afin d'indiquer au consultant une direction à prendre ou une embûche à éviter sur son chemin de vie.

Vous préparer au futur

Vous aurez compris la différence entre médium et voyant : le médium est davantage en lien avec le monde des morts, le deuil, les défunts dans l'au-delà et leurs messages à vous faire parvenir, tandis que le voyant est plus ciblé sur le fait de voir certains événements dans l'avenir, au-delà du temps présent et à « vous préparer » en quelque sorte à votre futur…

Selon ce que vous vivez dans l'instant présent, selon vos questionnements et vos problématiques, vous choisirez d'aller consulter davantage un voyant ou bien un médium.

Vous pourriez me dire : « Pourquoi ne pas laisser faire le destin ? Si les événements sont plus ou moins écrits, pourquoi ne peut-on les laisser arriver tels qu'ils sont prévus ? »

Parfois, il est judicieux d'identifier nos blocages afin de prendre conscience de la situation que l'on traverse. Si un inconnu voit en vous comme peut le faire un médium ou un voyant, sans vous connaître, cela aura plus d'impact que si vous preniez en compte votre seule perception. Car vous n'avez pas toujours le recul nécessaire pour prendre une décision. Vous manquez parfois d'objectivité. Une aide extérieure est souvent utile, voire nécessaire, pour avancer sagement. Cependant, mon rôle en tant que médium n'est pas de vous orienter vers le chemin le plus favorable. Avec votre libre arbitre, vous choisirez ou non de suivre telle ou telle voie, la voie de la guérison ou non. Quelle que soit la voie choisie, vous aurez des expériences à vivre. À vous de décider lesquelles. Dans tous les cas, celles-ci seront bénéfiques à votre évolution car vous allez apprendre quelque chose d'important. Bon nombre de personnes ne tirent aucune leçon de leur parcours de vie et butent toujours sur les mêmes schémas répétitifs. Elles créent indéfiniment les mêmes situations. Pourtant, si vous en avez conscience, une fois une expérience comprise, d'autres options se présenteront à vous en adéquation avec vos choix précédents. Le but est de comprendre vos motivations profondes, d'aller à votre rencontre et de guérir, de déverrouiller les blocages émotionnels qui perturbent votre ascension vers une vie plus sereine. Le but est de vous reconnecter à votre lumière intérieure, vous aimer, pour avancer sur votre chemin de vie.

Chapitre 3

L'EXPÉRIENCE MÉDIUMNIQUE VERS UN NOUVEAU VOUS

Lorsque les personnes viennent à ma rencontre, elles ne savent pas vraiment à quoi s'attendre. Il est évident que vous devez vous poser énormément de questions avant de venir consulter un médium comme je le suis. Suivez-moi dans ce voyage vers la médiumnité...

La rencontre avec un médium

Certaines personnes prennent rendez-vous parce qu'elles se posent de multiples questions sur leur avenir sentimental, familial, amical, professionnel, etc. Consulter un médium leur permet d'y voir plus clair concernant les problématiques rencontrées dans un ou plusieurs domaines de leur vie. Mais au-delà de ces questions, de nombreuses personnes viennent surtout vers moi dans le but d'entrer en contact avec un proche disparu, à la suite d'un deuil, récent ou lointain.

La rencontre avec un médium, avec ses capacités « extraordinaires » et son contact avec le monde invisible, ramène en quelque sorte à un moment magique de l'enfance, dans une dimension où « tout est possible, tout est réalisable ». Enfant, vous étiez bercé par mille et une histoires. Vous projetiez votre vie de façon imaginaire, comme dans un conte. Par exemple, un mariage féerique avec le beau prince charmant apparaissant sur son cheval blanc et une vie aisée dans un château plutôt qu'une vie monotone avec les problèmes du quotidien à gérer et les devoirs à faire... Cela ne signifie pas qu'un médium (ou un voyant) est à votre disposition pour vous faire rêver. Loin de là ! Songez que lorsque vous vous retrouvez en enfance, vous accédez directement à ce que l'on appelle le « lâcher-prise », un état d'innocence. Vous admettez alors plus facilement qu'une personne extérieure à votre vie puisse vous suggérer ce qu'il y aurait de bénéfique pour vous et qu'elle vous oriente vers de meilleurs choix à entreprendre.

En allant à la rencontre d'un médium, vous ne savez pas réellement ce qu'il va se produire dans votre futur plus ou moins proche, tandis que votre présent peut vous sembler difficile ou inconfortable. Un contact médiumnique vous permet de vous détacher des circonstances actuelles pour vous ouvrir à de « nouveaux possibles ». Et je vous assure que les personnes qui savent lâcher prise sont peu nombreuses. Certaines arrivent à entrouvrir cette porte où « tout est possible » pour accueillir les propos d'un médium à leur sujet et leur vie future. Quand d'autres vont rester dans le jugement et la méfiance, en doutant de ce que l'on pourra leur dire ou prédire. Quel gâchis !

Lorsque vous faites la démarche de consulter un médium, restez ouvert, détendu, dans le non-jugement. C'est une attitude nécessaire qui va ouvrir le canal permettant au médium de capter les informations importantes pour vous. Si vous restez fermé et suspicieux, le médium ne vous aidera qu'à moitié car il n'aura pas accès à tout votre être. Les messages seront moins fluides. C'est en réalité un échange donnant-donnant : plus vous êtes ouvert, plus vous recevez de messages.

Les clés de votre destinée

Lorsque vous venez à ma rencontre, en cabinet de consultation ou en séance à distance et que vous êtes disposé à entrouvrir une partie de votre être, vous me permettez d'accéder à votre chemin de vie. Finalement, considérez cette séance de consultation comme un retour en enfance. Ouvrez-vous à un infini de possibilités en me laissant accéder aux multiples niveaux de votre être…

Certaines personnes accumulent les séances avec les médiums comme si elles allaient au cinéma. D'autres s'y rendent avec parcimonie. Ces deux catégories de personnes ont en commun le souhait de bénéficier d'une réponse, une solution à leur problème. Mais l'une créera une dépendance vis-à-vis de la médiumnité au lieu de guérir de ses blessures quand l'autre écoutera les conseils prodigués et les mettra en œuvre à bon escient. Pour cette dernière catégorie, un médium apporte au bon moment des réponses à leurs questions. Pour aller encore plus loin, certaines personnes vont même jusqu'à dire que le médium détient les clés magiques de leur destinée. Qu'en pensez-vous ? Selon vous, un médium est-il capable de percevoir toute votre vie, tous vos soucis et de vous donner toutes les solutions adéquates ? Détient-il les clés magiques de vos destinées ?

Je vais vous répondre en tant que médium, bien sûr, mais surtout en utilisant des retours d'expériences vécues tout au long de ces dernières années.

Je ne suis pas Jésus, je travaille pour lui !

Il est évident qu'en tant que médium professionnel, je ne détiens pas la vérité absolue. Je ne peux pas résoudre l'ensemble de vos blocages, qu'ils soient d'ordre émotionnel, financier ou encore familial. Ma capacité à me connecter à mes guides, à cette autre dimension où « tout est possible », me permet d'entrevoir certaines cartes de votre destinée. Mais je ne sais pas tout. Comme je le répète lors des interviews ou des live donnés sur les réseaux sociaux : « Je ne suis pas Jésus, je travaille simplement pour lui. » Cela peut paraître prétentieux de se présenter tel un prophète de Jésus. Croyant en Dieu, je me vois plutôt comme utilisé par les cieux pour transmettre les messages de l'invisible.

Depuis mon enfance, ma référence est Jésus, c'est ma façon d'exprimer mon ressenti face à l'indicible, sans pour autant que je me prenne pour un être supérieur proche du Christ. Nous sommes tous égaux dans nos êtres et face à l'adversité de la vie. Nous sommes une âme venant du *Tout*. Nous sommes une *unité*. Nous sommes *un*. Je ne suis ni mieux ni moins bien qu'une autre personne. Nous sommes placés individuellement là où nous devons accomplir notre chemin de vie. Le mien est de vous guider du mieux que je le peux sur votre parcours.

Si je suis croyant, vous avez le droit de ne pas l'être ou d'avoir vos propres formes de croyance. Je serai malgré tout un messager. Et même si je suis croyant, je ne suis en revanche pas totalement en adéquation avec les dogmes de l'Église qui, selon moi, enferment et perdent l'essentiel du message initial : « Aimez-vous les uns les autres. »

Certaines personnes croyantes, et cela quelle que soit leur religion, se sentiront supérieures aux autres, qu'elles jugeront crédules. Elles resteront donc très critiques, bloquées sur leur point de vue personnel et n'arriveront absolument pas à saisir le concept d'amour… dans lequel nous sommes tous égaux. Encore une fois, elles choisiront ce chemin pour appréhender un « stage de vie » afin de comprendre pourquoi elles se sont réfugiées dans la religion et certains dogmes, au lieu d'aller à leur propre rencontre et d'être animées par l'amour et la bienveillance.
En revanche, d'autres personnes prendront le chemin de la religion en toute humilité, sans ordre de comparaison vis-à-vis des autres et de leurs choix. C'est le chemin de l'amour.

Passer le cap du doute et consulter

Il y a plusieurs raisons principales qui peuvent pousser les personnes à passer le cap de la consultation avec un médium.

Les personnes qui ont besoin de recevoir un éclairage sur leurs problèmes

Certaines personnes se rendent chez un médium pour qu'il les aide à y voir plus clair sur leur vie, que cela soit dans le domaine professionnel, amoureux, financier ou familial. C'est peut-être parfois plus efficace pour elles que d'avoir recours à un coach de vie ou un conseiller d'orientation professionnelle ! Au lieu de se poser mille et une questions sur la voie qu'elles doivent emprunter ou sur les décisions qu'elles doivent prendre, ces personnes lâchent prise et acceptent de

recevoir une réponse du domaine de l'irrationnel. Ces personnes lambda admettent qu'une aide extérieure, même irrationnelle, peut leur permettre de trouver enfin une réponse à leurs problèmes.
Évidemment, il y a celles qui sont très ouvertes et accueillent toutes les pistes possibles, et les autres, qui seront étonnées des prédictions et resteront dans le jugement, au moins pour un temps... Quoi qu'il en soit, toutes repartiront avec un état d'esprit plus ouvert, ce qui pourra activer ou non leur évolution spirituelle.

Les personnes qui cherchent à mieux comprendre leur mission de vie

Certaines personnes ont besoin de réponses afin d'être accompagnées, elles recherchent d'emblée une sorte de guidance spirituelle. Elles ont quelques ressentis sur leur destinée, mais ne sont pas sûres d'elles-mêmes ou de leurs choix... Elles décident alors de consulter pour qu'un médium confirme ou infirme leurs ressentis initiaux.
Ces personnes ont déjà un certain éveil spirituel. Elles ont déjà connaissance d'une existence du monde spirituel et se sont documentées ou l'ont expérimenté à leur manière.
Ces personnes sont plutôt bienveillantes et voient souvent un médium comme un professeur avancé. C'est plutôt agréable, car elles ont beaucoup moins de résistances liées à leur ego et sont très confiantes face à un médium compétent. L'échange est plus fluide qu'avec une personne à l'esprit complètement obtus, réagissant de façon égotique.

Les personnes addict aux consultations médiumniques

D'autres consultants sont des habitués du monde de la voyance et de la médiumnité. Elles consomment la voyance ou la médiumnité comme si elles allaient acheter une baguette de pain. Cela fait partie de leurs habitudes. On peut retrouver parmi elles des « consommateurs » à outrance. Elles ne prennent aucune décision sans consulter leur voyant ou médium.

Très honnêtement, je suis plutôt réticent à recevoir ces profils. Ce n'est pas leur rendre service. Quel médium serait capable de voir sans cesse des éléments nouveaux sur leur chemin de vie si ces consultants viennent plusieurs fois par mois ? Il est probable que ces personnes ont davantage besoin d'un psychologue ou d'un thérapeute pour les guider, les aider à guérir, et à trouver leur voie. C'est un travail sur le long terme.

En tombant dans la surconsommation de séances médiumniques, ces personnes ne vont malheureusement attirer que des pseudo-médiums, voire des charlatans. Pourquoi ces derniers refuseraient-ils une brebis égarée prête à dépenser des sommes folles simplement pour être écoutée ?

Ces consultants devront comprendre les raisons profondes de leur démarche associée à leurs comportements et à la répétition des mêmes schémas où ils laissent une tierce personne décider pour eux. Un médium sérieux et transparent saura orienter ces derniers vers la sortie et/ou leur recommander un praticien adéquat. Gardez bien ça en tête !

Les personnes qui doutent de la médiumnité et veulent des « preuves »

Une autre catégorie de consultants est représentée par ceux qui doutent et sont souvent en questionnement sur les médiums, donc sur moi ! Je leur ai peut-être été recommandé. Ou elles m'ont trouvé par le biais des moteurs de recherche sur Internet. Elles m'ont vu en direct sur les réseaux sociaux. Elles sont cependant encore dans le doute, à l'image de saint Thomas : « Je ne crois que ce que je vois. » Elles souhaitent savoir si je peux vraiment « percevoir » quelque chose de précis sur leur personne. Dans l'absolu, ces personnes cherchent des réponses et elles attendent forcément que je leur prouve mes capacités. En fait, j'accepte volontiers que certaines personnes puissent douter. Vous avez le droit d'être dubitatif face à des capacités hors du commun qui ne sont pas encore prouvées scientifiquement. Mais toute rencontre avec un médium devrait se faire dans la bienveillance, le respect et l'ouverture d'esprit. La science n'est pas égale à la vérité absolue. Elle est fondée sur la capacité à démontrer. Avec la technologie actuelle, il a été prouvé que des milliers, voire des milliards de galaxies existent. Nous ne pouvons cependant pas encore affirmer que d'autres formes de vie coexistent dans le cosmos, même si cela est certainement le cas depuis longtemps. Le fait qu'il n'y ait pas eu à ce jour d'interactions scientifiquement avérées avec des extraterrestres ne prouve pas, pour autant, que nous sommes seuls dans l'Univers. La science actuelle n'est pas encore en mesure de poser les bases du fonctionnement de la médiumnité et je peux donc comprendre le questionnement de certains. Mais si une personne pleine de doutes reste cependant ouverte, cela ne me gênera pas et je tenterai de lui faire passer les messages, dans la bienveillance, en la rassurant. En revanche, si une personne me rencontre seulement pour me tester, si elle fait la sourde oreille à ce que je lui annonce, et reste totalement hermétique à mes propos, je préfère ne pas perdre mon temps ni mon énergie dans l'exercice de ma mission.

Les personnes qui souhaitent contacter un défunt

La dernière catégorie de consultants que je reçois le plus souvent est constituée de personnes endeuillées. Le deuil lié à la perte d'un enfant (quel que soit son âge), d'un parent, d'un ami ou d'un proche amène souvent à la décision de consulter un médium, pour avoir un contact avec l'être qu'ils ont perdu.

Témoignage de Nathalie

Sa fille Léa, partie très tôt

Je me souviens de cette dame brune venue à ma rencontre pour une consultation privée à mon cabinet. Dès son arrivée, j'ai pu ressentir que son énergie était très basse. Cela correspond souvent à un mal-être, une perturbation au moment d'un deuil. Avant de commencer, je lui ai demandé si elle m'autorisait à tout lui dire. Je me dois de le demander, certaines personnes n'aiment pas entendre l'annonce d'une mort, ou un problème médical les concernant, eux ou leur proche. Au niveau déontologique et éthique, on ne peut annoncer une mort prochaine ou une maladie à un consultant. Si jamais un message venait dans mes visions au sujet d'une quelconque issue fatale d'une maladie du consultant

– ou d'un de ses proches – je l'inciterais à prendre soin de lui ou de la personne en question. Le but de la médiumnité n'est pas de vous effrayer mais de vous guider et de vous préparer si quelque chose arrivait.

Cette dame brune, qu'on nommera Nathalie, devait s'être bien documentée à mon sujet. Elle se tenait assise dans son fauteuil, calme, prête à entendre les messages, muette comme une carpe. Je mentionne sur mon site Internet qu'il n'est pas nécessaire de me parler ni de me dire la raison de votre venue ou vos problématiques. Je dois me connecter à votre être et ressentir votre énergie. C'est à moi de vous communiquer des informations, non le contraire. Vous devez être uniquement dans le lâcher-prise, la bienveillance et l'ouverture d'esprit, afin que je puisse aisément capter des messages puis vous les transmettre. En revanche, dès que je capte une information c'est à vous de la confirmer ou de l'infirmer, bien entendu. Une consultation reste avant tout un échange entre vous et moi.

Assis à mon bureau, je me détendais, prêt à activer mes capacités pour cerner Nathalie. Une fois la connexion établie, les informations affluèrent rapidement.

— Je suis désolé de vous dire cela, mais vous avez une énergie très basse. Vous êtes comme en « dépression » à la suite d'un événement marquant. Depuis cet événement, vous êtes comme sur « Pause ». Il vous faut cependant comprendre que la vie continue…

— Je suis venue pour ma fille.

— Avez-vous des photos d'elle, s'il vous plaît ?

— Oui, tenez, j'en ai trois.

Je ne me souviens que d'une seule photo. Il s'agissait d'une jeune fille brune, d'une trentaine d'années. Il n'y avait aucun signe distinctif de problématique visible sur cette photo.

Une fois la photographie en main, je sentis une énergie tournoyer autour de moi. J'avais l'impression qu'on voulait entrer en moi ! Lorsque cela arrive, je me concentre et appelle intérieurement mes anges pour me protéger et me guider dans la lumière divine. Je dois m'assurer d'être en connexion avec une âme positive.

Instantanément, j'entendis une musique de dessins animés ! Je me demandais bien ce que cela pouvait être... Pourquoi entendais-je ce genre de musique ? Quel était le rapport avec cette jeune fille brune, trentenaire qui plus est ? Je laissais mes ressentis m'envahir... Je voyais, en projection dans mon mental, la jeune fille de la photo porter un serre-tête de la marque Disney – vous savez, celui que toutes les petites filles ont lorsqu'elles vont à Disneyland. J'entendis : « Joyeux anniversaire ! Joyeux anniversaire ! » En vision, par flash, je voyais le parc Disneyland et je sentais que la scène se déroulait aux États-Unis.

Après cette vision, l'énergie se focalisa ensuite sur ma gorge. J'affirmai tout haut : « J'ai mal à la gorge. J'ai un problème pour déglutir. Je ne peux pas manger seule. J'ai cette problématique depuis la naissance. »

— C'est vous qui aidiez votre fille à se nourrir.

Je continuais d'affirmer mes ressentis : « C'est comme si ma gorge se resserrait. J'ai mal aux intestins. Je ne suis pas bien ! » Quand je dis « je », c'est la défunte qui s'exprime.

J'entendis : « Dis-lui : Disneyland, anniversaire, Amérique, Paris... »

— Ma fille !

La consultante poussa un hurlement à vous glacer le sang ! Ce cri était mêlé à une intense douleur et à la joie d'être connectée à son enfant. C'était un cri d'arrachement. Comme si la vie lui avait ôté son ange terrestre. Elle se mit à pleurer.

— C'est ma fille ! C'est Léa. Elle adorait Disneyland. Elle voulait fêter son anniversaire à Disneyland-Paris mais elle est décédée avant qu'on ait pu s'y rendre. Nous y sommes souvent allées ensemble. Cette fois-ci, cela aurait été pour son anniversaire. Toute la famille s'était rendue au parc d'attractions Disneyland d'Orlando, aux États-Unis. C'est ma fille ! Elle est née avec une malformation de la trachée. Elle avait énormément de mal à se nourrir seule. Et elle avait de gros problèmes aux intestins. Je m'en occupais tous les jours. Un matin, elle s'est plainte de douleurs dans le corps. Je ne l'ai pas écoutée. Elle avait souvent des douleurs dues à sa maladie. Cet après-midi-là, elle était dans le salon, tandis que j'étais dans la cuisine. Lorsque je suis revenue, elle était morte ! J'étais plus que dévastée, j'avais envie de mourir. Nous avons appelé le médecin, qui nous a indiqué qu'elle avait fait une crise cardiaque. Je culpabilise affreusement de ne pas avoir fait le nécessaire ! J'ai l'impression d'être un monstre ! J'ai laissé mourir ma fille ! Je ne l'ai pas écoutée… C'est ma faute si elle est décédée !

Les yeux de Nathalie restaient dans le vague. Elle pleurait à chaudes larmes. Elle était traumatisée par cet événement. Je n'imagine pas la détresse qu'on peut ressentir en tant que parent lors de la perte de son enfant. En revanche, je me devais de rester connecté à sa fille. Je ne pouvais me mêler à sa détresse. Si je le faisais, je perdais le contact. Je restais donc un pied dans le monde invisible et un pied dans le nôtre, le plan terrestre, pour continuer la transmission des messages.

Pendant cette description, sa fille dansait derrière moi… Je ressentais l'énergie de la jeune fille brune derrière moi et dans tout mon être. Elle me faisait comprendre qu'elle était heureuse d'être au contact de sa maman qui l'avait reconnue par les indices transmis. J'étais bousculé entre le désarroi de la mère et la jubilation de sa fille dans l'au-delà. Son énergie était légère et enfantine. Elle me chuchotait : « Dis-lui au sujet de toutes les peluches Disney sur mon lit. Je la vois dormir avec mes peluches l'après-midi. Dis-lui que je la vois ! » J'informe donc la maman de ses messages.

— C'est vrai. Je m'allonge les après-midi sur son lit où sont posées toutes ses peluches. Je les serre contre moi comme si je serrais ma fille dans mes bras. Sa chambre est intacte. Nous n'avons rien touché.

— Elle dit que vous n'êtes pas obligés de toucher à sa chambre pour le moment, et je sais pertinemment que vous ne changerez rien. Elle est heureuse et elle est fortement reliée à vous.

Généralement, mes anges m'indiquent que les vivants ne doivent pas s'attacher au matériel, qu'ils doivent de préférence se relier à leurs proches disparus avec leur cœur et non à travers des objets que ceux-ci possédaient lors de leur incarnation. Mais, dans ce cas, il semblait indispensable que Nathalie puisse faire son deuil et que ces peluches étaient importantes sur ce chemin. Un jour viendra où Nathalie devra se séparer des affaires de sa fille afin de la laisser évoluer dans la paix et la lumière. Les biens matériels restent éphémères, alors que le lien du cœur est éternel.

— Dites-lui que je l'aime ! Qu'elle me manque affreusement ! Que je culpabilise monstrueusement ! Je l'aime !

— Elle sait tout cela, madame. Elle vous aime immensément, vous savez. Elle vous demande de ne pas culpabiliser. Ce n'est en rien votre faute. Son départ dans l'autre monde était écrit de cette façon. Elle n'aurait pu s'en sortir. Je suis désolé de vous dire tout cela, mais elle me le livre de cette façon. Il faut vous libérer de ce sentiment de culpabilité. Pour rester en connexion avec votre fille, envoyez-lui de l'amour. Elle reçoit votre énergie. Elle entend vos prières. Tout votre amour, ainsi que toutes vos prières, l'aide beaucoup dans l'autre monde. Elle est heureuse et légère. Elle me parle de son frère. Elle a un frère, c'est bien cela ? Il se laisse aller depuis le décès de sa sœur ?

— Oui, elle a un frère. Il est l'ombre de lui-même. Il se comporte bizarrement. Il ne veut plus aller à l'école. Il déprime et n'a plus goût à la vie. Comme son père, d'ailleurs, qui ne parle plus. Il est au fond du trou, comme je le suis moi-même...

— Je comprends cela, sans pour autant être à votre place, madame. Votre fille veut vous voir tous heureux. Elle vous dit : « Pour moi, tout va bien, et tout va mieux surtout ! Je suis libre de mon corps. Je suis légère. Je vis ! Je suis bien ! Soyez heureux comme moi je le suis ! Je vous aime tellement. »

— J'entends ce que vous dites, mais...

— Ce n'est pas moi qui m'exprime, madame. Ce sont les mots de votre fille...

— Oui, bien sûr, mais comment faire ? Elle est tellement adorable de vous dire cela... mais nous sommes dépassés par les événements. Nous n'avons plus envie de vivre. Nous sommes perdus depuis son départ.

— Vous savez, si j'ai réussi à entrer en connexion avec votre fille, c'est bel et bien parce qu'elle est vivante de l'autre côté du voile. Elle a « simplement » quitté son enveloppe terrestre mais elle reste éternellement liée à vous...

Continuez à vivre malgré le deuil et le chagrin !

Je sais qu'à l'image de la réaction de Nathalie face au deuil, il est compliqué d'accueillir et de comprendre mes affirmations. J'ai conscience d'avoir cette « chance » d'entrer en contact assez facilement avec les défunts. Cependant, ce n'est pas une raison pour m'envier. Je réalise ma mission de vie en vous aidant toutes et tous. Ce qu'il faut assimiler, c'est que notre vie continue et que toute action réalisée compte durant notre parcours.

Vous ne devez pas vous arrêter de vivre à cause d'un deuil. Je sais que c'est très difficile à entendre. Comprenez que vous ne pouvez rien y changer, même si cela est votre souhait le plus profond. Personne ne peut revenir en arrière. Si les choses sont ainsi écrites, c'est pour une raison qu'on ne peut cerner de notre vivant. Lorsque vous serez de l'autre côté, vous verrez que j'avais raison. La vie ne dure que le temps d'un claquement de doigts. Une étincelle. Pourtant, ici sur terre, cela nous paraît une éternité, qui plus est lorsqu'on perd un être cher. Nous n'avons qu'une seule envie, celle de le retrouver. Nos repères semblent déstabilisés à jamais. Mais il est certain que nous nous retrouverons tous de l'autre côté du voile. Vous retrouverez vos proches décédés, soyez-en sûrs ! En attendant, expérimentons le monde. Vivons pour nous. Pour eux. Honorons leur départ en prouvant, chaque jour, chaque seconde, que nous avançons sur notre chemin de vie. Que nous réalisons des exploits en nous aimant profondément. En guérissant de toutes nos blessures émotionnelles. Envoyons de l'amour autour de nous. Soyons dans la compassion et l'empathie. Soutenons-nous pour engendrer un monde meilleur. Un monde plus sain, plus heureux où nous ne ferons plus qu'un.

Vous sortirez différents d'une consultation

Vous allez me dire : « Mais qu'est-ce que cela apporte, *in fine*, de consulter un médium ? » C'est probablement la question que tout le monde se pose. En effet, au-delà de comprendre comment cela fonctionne, quelles sont les attentes, les raisons de consulter, il est crucial de mesurer et de comprendre l'impact que peut avoir une consultation sur votre chemin de vie.

Avez-vous emprunté le bon chemin ?

Si un médium nous transmet des informations dont on a déjà connaissance, quel en est le but ? Lors des séances, mes anges effectuent un scanner de la personne consultante. J'aurai des perceptions sur son état énergétique, je vais ressentir si elle est joyeuse, triste, malade, etc. J'accéderai à des informations sur son présent, son passé et son futur.
Vous pourriez vous demander : « Quel est le bénéfice de savoir ce que je vis à l'instant présent à travers les messages

d'un médium ? » La réponse est simple : vous saurez alors que le médium vous perçoit correctement, qu'il est bien en lien avec vous. Il est très important pour un médium d'être en symbiose avec votre énergie. Cela prouve qu'il a des capacités et qu'il peut vous orienter pour prendre les bonnes décisions à l'instant *t*.

Votre vibration actuelle détermine la façon dont vous interagissez sur votre ligne de vie, choisie consciemment ou non. Il y a d'innombrables lignes de vie. Ce sont comme des lignes temporelles ou, comme je les définis, des rails de chemins de fer. Si vous n'êtes plus sur le chemin de fer principal pour différentes raisons, cela veut dire que vous avez bifurqué dans une autre direction, sur un chemin transverse. Les chemins transverses vous font revivre sans cesse la même expérience. C'est « un stage de vie » amplifié. Plus vous persistez à ne pas comprendre la leçon, plus le stage (ou le même schéma) se répète. Des difficultés importantes vont s'y ajouter. Si vous échouez une fois de plus, la chute en sera plus dure. Et plus la chute est douloureuse, plus vous serez à même de comprendre vos erreurs. Par exemple, le fait de rencontrer sans cesse des personnes narcissiques, toxiques et manipulatrices doit vous faire comprendre qu'il faut guérir en vous un sentiment de dévalorisation qui se cristallise dans votre réalité à travers ce genre de relation. Dans ce cas, il faut comprendre l'émotion inconsciente : « Je me dévalorise, je suis influençable, je n'aime pas assez qui je suis, je ne reconnais pas mes qualités, etc. » Une fois la guérison engendrée, vous ne réagirez plus en fonction de cette blessure. En connaissance de cause, vous prendrez une nouvelle direction pour vivre d'autres expériences personnelles plus douces et plus valorisantes.

De ce fait, il est important qu'un médium capte ce que vous êtes en train de vivre. Via le scanner de votre champ énergétique, un médium peut déceler, en quelques secondes, vos problématiques et vos blocages émotionnels. Cette révélation vous permet de vous faire accompagner par la suite, si vous le souhaitez, par un praticien ou un thérapeute adéquat, en vue d'une guérison (psychologique, émotionnelle...). Vous pourrez alors revenir sur le chemin de fer principal de votre vie, où les événements dits « normalisés » vous attendent. Les différents chemins de vie étant établis avant votre incarnation, vous décidez d'en réaliser un plutôt qu'un autre. Tout dépendra de l'évolution de votre maturité émotionnelle et de vos choix. Plus vous vous entêterez dans une direction qui ne serait pas le meilleur choix, plus vous resterez bloqué. Plus vous parviendrez à vous libérer de vos blocages émotionnels, plus vous serez « récompensés ». Vous accéderez au niveau supérieur de votre chemin de vie, plus plaisant et agréable. À vous de choisir l'option préférée.

La métaphore de la chenille

J'explique souvent le choix d'une guérison par la métaphore de la chenille : ce manège dans les fêtes foraines, ce train qui tourne en rond, qui monte et qui descend. À un certain moment, le forain vous demande d'attraper un pompon. Dans cette métaphore, il existe plusieurs possibilités. Certaines personnes ne voudront attraper aucun pompon. Elles expriment un choix volontaire de se mettre sur « Pause », elles ne souhaitent pas avancer sur leur chemin de vie. Elles refusent aussi les mains tendues. Elles choisissent délibérément de ne pas accepter cette aide pourtant prévue pour leur évolution

et préfèrent plus ou moins inconsciemment rester bloquées. Elles vivent des schémas répétitifs et restent donc dans une certaine inertie pendant longtemps.
D'autres personnes ramasseront le pompon tombé au sol. Ces personnes souffrent de dévalorisation. Elles recréent les mêmes erreurs par « facilité » : elles préfèrent revivre les événements perturbateurs, au lieu d'affronter leurs peurs et l'inconnu. Elles croient gérer ce genre de situations vécues au préalable, mais s'enlisent dans l'erreur.
Puis il y a les personnes qui voudront attraper le pompon accroché très haut, à un niveau a priori inatteignable. Elles veulent aller plus vite que la musique ! Elles n'ont pas compris leur leçon de vie actuelle et préfèrent sauter les étapes au lieu de creuser en profondeur les problématiques émotionnelles qui restent encore à guérir.
Pour finir, il y a celles qui attraperont le pompon proposé au bon moment. Ces personnes ont guéri de leurs blessures. Elles sont allées à leur propre rencontre et ont fait ressurgir les nœuds émotionnels encombrants. Elles ont dépassé les épreuves. Elles ont grandement avancé, leurs parcours attestent qu'il y a du beau pour elles dans la suite des événements. Leurs comportements ne font plus référence aux blessures du passé. Elles acceptent les mains tendues et les opportunités sur leur chemin. Elles projettent positivement une vision de vie agréable et sont en totale adéquation avec leur être.
Vous avez pris conscience qu'il existe plusieurs profils de personnes. Laquelle êtes-vous ? Laquelle souhaitez-vous être ? Une séance avec un médium est parfois un accélérateur dans la connaissance de vous-même qui peut ouvrir la voie à une évolution positive !

La communication avec les défunts

Au-delà de mes capacités à scanner votre état émotionnel, vous savez désormais que mes facultés me permettent de communiquer avec l'au-delà, et les défunts. Je mesure l'importance de la transmission de ces messages et, pour certains d'entre vous, de cette révélation : l'au-delà existe et l'âme de vos défunts survit à leur corps. Un médium vous apportera des signes probants concernant votre proche disparu et cela confortera le fait que vous êtes bien en lien avec l'être cher dont l'enveloppe corporelle a disparu. Vous serez rassuré par le fait que l'âme de votre proche décédé est bel et bien éternelle. Les contacts avec les défunts apaisent le chagrin ressenti au moment du deuil. Ils peuvent changer votre rapport à la mort, et l'angoisse terrestre qui y est souvent associée. Vous serez ensuite plus serein pour vivre votre vie. Votre vision du monde aura changé.

Le médium, en plus de vous donner des signes probants concernant un proche disparu, vous transmettra aussi ses messages. Les défunts se manifestent souvent lorsqu'il y a une problématique chez leurs proches vivants. Ils ne désirent pas que vous restiez en pause, submergé par la tristesse. Ils souhaitent que vous continuiez votre chemin de vie sur terre. Que vous réussissiez votre incarnation en guérissant de vos blessures émotionnelles, en étant acteur de votre vie. Ils ne viennent pas seulement vous dire : « Je t'aime, tu me manques, je te vois, je suis dans la paix. » Ils sont présents lors des séances pour vous transmettre un message précis en lien avec ce que vous avez à vivre sur terre.

Pourquoi et comment contacter un défunt ?

Les contacts défunts ne dépendent pas vraiment pas de vous ou d'un médium. On ne peut pas décider un beau jour : « Tiens, j'aimerais bien avoir un message de ma maman ! » ou « je voudrais savoir si ma mamie est dans la paix », « il faudrait que je contacte mon père décédé pour révéler un secret de famille »... Vous pouvez prendre rendez-vous pour tenter une connexion avec un défunt, mais elle ne s'établira que si elle est bénéfique pour vous. Les défunts ne seront pas présents sans raison lors d'une consultation. Comme je vous le disais, les discours des défunts sont utiles. Si vous souhaitez dire à votre père, à votre mère ou à votre enfant décédé que vous l'aimez, vous pouvez le faire à n'importe quel endroit, pas seulement en consultation ! Surtout reliez-vous à eux, n'importe où, avec l'intention du cœur comme si le défunt était présent avec vous et que vous étiez grandement heureux de le retrouver et de le serrer dans vos bras. C'est avec cette émotion-là qu'il faut contacter ceux qui sont partis de l'autre côté du voile...

Témoignage de Sarah

Une anecdote que personne ne pouvait connaître !

Je me souviens d'une séance incroyable avec Sarah, une femme médecin, dont la réaction fut légèrement dubitative, voire incrédule. Lors de sa première venue en cabinet, Sarah m'affirma :

— Je vais jusqu'au bout car je pense que vous êtes un bon médium. Si je ne vous avais pas senti, je vous aurais donné l'argent et je serais partie.

— Je n'aurais jamais accepté cet argent.

— Pourquoi pas ? C'est votre travail. J'ai bloqué un créneau horaire dans votre agenda. Il aurait été normal que vous acceptiez cet argent même si j'avais refusé cette séance avec vous. Ce n'est pas le cas ! Je vous laisse vous concentrer et me dire ce que vos « anges » ont à me transmettre.

Je lui transmis divers messages probants. Elle fut ravie de sa séance. Elle avait tellement été conquise par sa première séance qu'elle revint de nouveau en consultation. C'est cette séance-là que je vais vous raconter.

À la fin de cette séance, je ressens une présence autour de moi. Les défunts se présentent souvent de cette manière. Puis, j'entends des sons, des mots...

— Seuli... ? Sélim ! Quel est le lien de parenté avec vous ? Sélim est-il une personne de votre famille ?

— Oui, c'est mon frère ! C'est incroyable, je n'y pensais même pas !

— Sélim est bien son prénom ?

— C'est exact ! Mais qu'est-ce qu'il a à me dire ?

— Il me parle de chaussettes... « Dis-lui pour les chaussettes ! » Je ne sais pas pourquoi je vous dis ça, mais il insiste sur les chaussettes. Il dit : « Elle saura ! »

Au moment où je capte cette information dans ma tête, je me demande si la consultante ne va me prendre pour un fou !

— Mon Dieu ! Bien sûr que cela me parle ! C'était notre truc à tous les deux ! C'était un peu comme notre gimmick. Je l'embêtais tous les jours avec ça, vraiment tous les jours ! Lorsqu'il ôtait ses chaussures, je lui disais : « Surtout tu gardes tes chaussettes, parce que tu sens mauvais des pieds ! » On était des gamins, cela nous faisait rire ! C'est fou qu'il vous parle de cela !

— Généralement, les défunts ont besoin de prouver que c'est bien eux par le biais d'anecdotes ou de moments de vie personnels… Il dit que tout va bien. Il est dans la lumière maintenant. Par contre, il me montre son ex-femme. Elle lui a empoisonné la vie, c'est une mauvaise personne…

— Je le savais ! Vous êtes vraiment incroyable ! Elle est extrêmement « étrange », cette dame, pour ne pas donner de qualificatifs plus cinglants, qui la détermineraient mieux d'ailleurs !

— Elle a aussi perdu son deuxième mari apparemment, c'est bien cela ?

— Oui ! On a énormément de doutes, ils meurent tous autour d'elle.

— Elle aime beaucoup l'argent. Elle est très toxique ! J'espère que vous ne la voyez plus d'ailleurs.

— Non, nous ne la voyons plus, heureusement ! C'est quand même fou que mon frère vienne à vous avec l'anecdote des chaussettes, puis qu'il vous raconte cette histoire !

— Je pense qu'il veut éclairer les choses au sujet de son décès, afin d'être libéré là-haut. Il souhaite que vous soyez également libérée de vos blocages émotionnels.

— D'accord ! Je suis subjuguée ! À aucun moment je ne pensais à mon frère !

— Je ne fais pas de la télépathie, vous voyez ?

— Clairement ! Vraiment je suis honnête avec vous, je n'y avais pas songé un seul instant !

— Dans ce cas, merci les anges ! Merci Sélim pour les messages !

— Merci beaucoup Nicolas-David ! Merci à vos anges. Que mon frère repose en paix maintenant !

À l'issue de la séance, Sarah m'a envoyé son témoignage direct...

« Avant de décider d'aller voir un médium, j'ai réfléchi aux raisons qui me poussaient dans cette démarche. Médecin de profession, avec un rationnel et un mental formaté, cette décision n'était pas anodine pour moi !

D'un naturel confiant mais pragmatique, j'avais décidé de ne donner ni mon nom ni aucune information pouvant m'identifier. J'ai été agréablement surprise quand, au moment de la prise de rendez-vous, sa secrétaire m'a demandé seulement mon prénom et une adresse e-mail pour m'envoyer les informations du rendez-vous.

Enfin, le jour venu, j'attendais avec fébrilité la séance en restant assez méfiante. La consultation a commencé. Nicolas-David me regardait de côté sans poser ses yeux directement sur moi pour observer mes réactions. Ce qu'il disait était tellement vrai ! Cela lui venait naturellement. Ma vie n'étant pas très classique, il n'a à aucun moment utilisé des sujets banals qui pourraient s'appliquer à une grande partie d'entre nous. Il m'a décrite, ainsi que certains membres de ma famille, comme s'il nous connaissait !

En quelques secondes, il m'a ensuite fait part d'une discussion personnelle entre frère et sœur (à propos des chaussettes de mon frère décédé) que je n'avais partagée avec personne ! Il a cité le prénom de mon frère, Sélim, de consonance étrangère et rare, et il m'a transmis un message de ce dernier me disant de « m'occuper de mon [autre] frère » ! J'ai été bouleversée !

J'aurais pu croire, par mon côté rationnel très marqué, que la première partie de la séance était un exercice de transmission de pensées mais quand nous sommes arrivés aux informations et messages de mon frère décédé, j'ai vacillé ! Il était impossible que cela soit une simple transmission de pensées ! J'avais oublié cette histoire de chaussettes et ne pensais pas du tout à mon jeune frère ! J'ai donc accueilli cette rencontre avec Nicolas-David comme un cadeau de la vie pour me guider ! »

Vos défunts veulent vous libérer de votre désespoir !

Vous voyez par quel biais les défunts souhaitent apporter des éclaircissements au sujet de leur départ dans l'autre monde ? C'est indispensable à leur ascension dans l'au-delà. Ils doivent également libérer leurs proches du poids émotionnel et mental lié au deuil qui bloque une partie de leur avancée sur leur chemin de vie. Il y a toujours une raison à un contact avec un défunt. Par-dessus tout, ce sont eux qui viennent à moi. En aucun cas je ne les appelle. Il se peut que je demande un contact lors de la venue d'un consultant mais si je n'ai aucune connexion, j'annoncerai qu'aucun défunt ne se présente à moi. Inutile de simuler un contact simplement pour rassurer une personne.
Les contacts avec les défunts permettent aux gens de faire leur deuil ou de changer leur rapport à la mort. Une fois cette libération atteinte, ils sont plus sereins pour la suite des événements qu'ils ont à vivre. C'est similaire au fait d'ôter

une épine du pied. Si la personne sait que la vie continue, elle sera moins préoccupée par le deuil et la perte durant les années restant à vivre sans son proche disparu. Le rapport à la mort s'en trouve complètement modifié. En effet, « vous êtes éternel ». C'est dans tout cela que réside ma mission de vie ! Voici le témoignage d'un consultant, à l'esprit très scientifique, qui est parvenu à modifier toutes ses croyances sur la mort et l'après-vie…

Témoignage de Benoît

Un scientifique qui n'a plus peur de la mort

« Cette rencontre devait arriver. C'est comme cela que je pourrais résumer ce moment où tout a commencé. Moi, le scientifique qui démontre et apprend la démonstration de façon rigoureuse et argumentée. Moi, le scientifique qui ne pouvait prononcer le mot "mort". Et pourtant, tout a changé. Ma rencontre avec Nicolas-David, médium, a changé ma perception de la vie, de la mort, et mon approche matérielle et exclusivement scientifique de la vie, une approche qui m'avait rendu rigide. Pourtant, la démonstration scientifique n'est-elle pas fondée sur la remise en cause quotidienne de notre connaissance et l'ouverture aux hypothèses non encore démontrées ? Effectivement, Nicolas-David n'avait jamais été au programme de mon éducation scientifique. Et pourtant…

J'ai rencontré Nicolas-David par hasard, si celui-ci existe. Si ses premiers messages m'ont surpris, j'ai même tenté de lutter contre ceux que je recevais, ils ont tout de même trouvé un chemin pour pénétrer mon cerveau. Le chemin a été long, je me suis questionné. Les semaines ont passé.

Mon mode de pensée a changé. Et Nicolas-David m'a ouvert le chemin de la guérison, face à ma lutte et ma peur de la mort. Frappé par la perte brutale de deux êtres chers à quelques mois d'intervalle, et moi-même victime d'un cancer dans les mois qui ont suivi, j'avais construit une image diabolique de la mort, jusqu'à ne plus être capable de prononcer ce mot. J'avais associé ce terme à un point final, à un questionnement profond sur notre raison d'être dans l'espace-temps aussi court qu'est une vie.

Les moments passés avec Nicolas-David m'ont permis de voir la vie et la mort corporelle d'un œil différent. Tous les anges dont nous avons eu les messages, toutes ces observations, toute cette bienveillance partagée, ont laissé la place à une virgule au lieu du point après le mot "mort".

Nicolas-David m'a guéri de cette profonde angoisse. Il a aussi bouleversé mon cerveau dont je ne soupçonnais pas la plasticité intellectuelle. Mais j'ai lâché prise, j'ai écouté. Je pense qu'il y a un avant et un après ma consultation avec Nicolas-David. Je me sens désormais plus léger. Et la vie en est plus belle ! Alors, merci les anges. Une phrase que je n'aurais jamais pensé écrire il y a quelque temps, comme quoi, tout est possible lorsque l'on accepte de se libérer de ses propres dogmes, et les cadeaux que les anges placent sur notre chemin… »

La clé ? Lâcher prise !

Benoît a été plus que perplexe face à mes capacités. Nos points de vue sont à l'extrême opposé l'un de l'autre. Lui est un scientifique pur et dur, il souhaiterait m'examiner à travers une IRM afin d'expliquer scientifiquement mes perceptions… Quant à moi, je suis continuellement en train de flotter dans une autre dimension, ce qui me donne une apparence insouciante et désintéressée de notre monde. Rien n'a d'accroche sur moi, alors que Benoît apporte beaucoup d'importance à la vie matérielle. Rater un bus est pénible pour Benoît, alors que moi, je le vois plutôt comme un signe du destin : si j'ai raté le bus, c'est que j'ai évité un accident ou que je dois faire une rencontre importante sur mon chemin de vie. Mais finalement, Benoît a cerné que lâcher prise sur les événements que l'on ne peut contrôler fait un bien fou, puisque nous abandonnons la lutte constante. Si, par inadvertance ou maladresse, on renverse de l'eau sur le sol, rien ne sert de hurler puisque cela ne fera pas changer les choses. Il suffit de prendre une éponge et d'essuyer, point final. Vous imaginez l'énergie en moins dépensée pour toutes ces futilités ? Nous n'avons plus à nous préoccuper du lendemain puisqu'il nous faut vivre l'instant présent. Rien ne sert de prévoir l'imprévisible. Laissons-nous porter par la vie et accueillons les rencontres inscrites sur notre destinée. Comment ne pas adhérer à ce fonctionnement ? Il est simple, léger et bercé de douceur.

Chapitre 4

LES RÉVÉLATIONS DU MESSAGER DES ANGES

Ma connexion avec l'invisible

Pendant et après une consultation, ou lors de live sur les réseaux sociaux, vous vous posez souvent cette question : « Mais comment fait-il pour savoir tout ça ? D'où cela lui vient-il ? Que ressent-il exactement ? » Je vous réponds, avec toute ma bienveillance et toute mon honnêteté, que je ne le sais pas vraiment ! Il est très compliqué pour moi d'expliquer mes ressentis avec les mots du langage commun... Je peux seulement vous expliquer comment je capte des messages ou ce que je ressens lorsque je suis en connexion avec mes anges. Tout d'abord, sachez que je suis un peu fainéant... Eh oui ! Je ne fais pas plusieurs heures de méditation par semaine et je ne prie pas non plus pendant de longs moments chaque jour...

Mes capacités sont innées. Je n'ai pas besoin d'être en état méditatif toute la journée afin de les amplifier. Cela fait tellement partie de moi depuis des années, que je n'ai jamais songé à développer ces capacités déjà si particulières. Je suis venu sur terre avec ces facultés pour effectuer ma mission de vie, éclairer les êtres sur leur chemin de vie. Mon logiciel d'incarnation était préinstallé de cette façon !

Ma journée type avant de commencer les consultations

Afin de vous éclairer un peu plus sur mon fonctionnement et ma façon d'utiliser mes dons médiumniques, je peux vous raconter comment se déroule l'une de mes journées. Après une nuit de sommeil assez courte – je dors environ six heures – je me lève comme tout un chacun. Le matin, je ne fais pas de séance de yoga en commençant par une salutation au Soleil, ni de méditation, ni même de jeûne pour équilibrer mon être. Mais il est fort possible que je devrais y songer un peu... Une courte méditation chaque jour de quelques minutes ou un rééquilibrage énergétique ne me feraient pas de mal. En revanche, le soir, je prie avant de me coucher, je récite le *Notre Père* et *Je vous salue Marie.* Ma grand-mère maternelle, chrétienne, m'a appris, enfant, à prier. C'est une habitude que j'ai gardée, liée à la fois à mon éducation et à mes propres croyances. Lors de mes prières, je remercie pour les moments passés et les personnes rencontrées lors de ma journée. Je me sens bien et détendu en priant. Il peut m'arriver, rarement, de prier le matin juste avant de sortir de mon lit, mais sans que cela en devienne une contrainte. Je dis bonjour aux anges, je prie Jésus et Marie pour les remercier de m'avoir confié la mission de vie qui me relie à vous, celle de vous aider sur votre chemin. Je les remercie pour la journée qui commence. Je suis heureux, chaque matin, de respirer, de voir la nature autour de moi... d'être en vie, tout simplement.

Ces instants de gratitude ne durent que quelques minutes tout au plus. Je ne m'agenouille pas devant mon lit en tenue blanche, un chapelet à la main. J'écoute simplement mon cœur. Je ne le fais pas de façon mécanique mais plutôt par plaisir. Cette connexion magique chaque jour me paraît essentielle. Chacun de ces simples rituels me détend et me procure un bien-être.

Je fais ensuite un peu de sport pour garder une bonne condition physique, en toute modération. Puis j'enchaîne sur des moments de lectures qui nourrissent mes centres d'intérêt. J'aime particulièrement certains livres scientifiques comme *Transurfing*, de Vadim Zeland, qui réunit des aspirations à la fois matérielles et spirituelles et vise à transformer nos vies pour les rendre plus harmonieuses en s'appuyant sur la physique quantique. J'aime aussi les ouvrages spirituels du psychiatre mondialement connu Scott Peck, ou encore ceux du célèbre neurologue Eben Alexander, sur son expérience de mort imminente, ainsi que les livres du renommé Raymond Moody, qui a recueilli nombre de témoignages passionnants de personnes ayant vécu une mort clinique et qui sont revenues du monde de l'invisible…

Ensuite, je prends le temps de préparer le repas de midi. Je ne mange pas que des légumes, car je ne suis pas végétarien, mais j'ai tendance à limiter de plus en plus ma consommation de viande. Non pas par principe, mais parce que je ne suis pas attiré par la viande. Les animaux morts me peinent plus qu'ils ne me donnent envie de les déguster. J'essaie en général d'orienter mon alimentation vers des produits sains. Originaire de la Provence, j'adore les légumes cuisinés, en ratatouille, par exemple, avec une huile d'olive vierge de première pression à froid, s'il vous plaît ! Sans oublier la bonne omelette de pommes de terre de mamie Georgette, ma grand-mère maternelle, que je cuisine de temps en temps pour me rappeler les bons moments passés ensemble et les saveurs de mon enfance…

Viennent ensuite les temps de connexion avec l'invisible durant les consultations. Il est vrai que je pourrais fournir un effort pour faire évoluer mes capacités extrasensorielles. Cela m'apporterait certainement un mieux-être et une meilleure connexion lors des séances de médiumnité. Je me repose un peu sur mes acquis. Il est tellement agréable de ne pas avoir d'obligations ! J'ai l'absolue conviction que si l'on agit avec son cœur, on bénéficie alors de la meilleure connexion avec les anges…

Une connexion quasi instantanée par la prière et le cœur

Avant toute consultation médiumnique, je demande une connexion à l'invisible en priant. J'appelle mes proches défunts et les saints, je leur demande de me protéger et de me guider pour la transmission des messages. Je me concentre. J'inspire puis expire lentement. Je réalise une respiration simple en cohérence cardiaque pour m'apaiser. La cohérence cardiaque est une méthode grâce à laquelle l'individu apprend à reprendre le contrôle de son système nerveux parasympathique afin de le réguler essentiellement par la respiration. On s'offre un moment de détente après un stress par exemple ou une pause méditative grâce à la respiration contrôlée. Après trois profondes inspirations et trois profondes expirations, je me relie à mon cœur. Mais ce n'est pas facile pour moi à expliquer. Je dirige mentalement mon esprit vers le centre de ma poitrine, là où est localisé mon cœur. Cet organe est la porte vers le Divin, vers l'Éternel. Dès cet instant, je suis transporté immédiatement dans un immense silence d'amour apaisant, rassurant et vivifiant à la fois. C'est comme si toutes mes problématiques n'existaient plus. À ce moment-là, je ne fais plus qu'*un* avec l'Univers tout entier et avec le sentiment que tout n'est qu'amour. C'est une sensation inexplicable tant elle est douce et intense à la fois. J'ai toujours l'impression que cela ne dure qu'une minute alors que lorsque je reprends conscience de ce qui m'entoure, dix minutes se sont souvent écoulées. Me sentir en connexion avec le Divin afin d'être à cent pour cent disponible pour mes consultations, c'est ce qui me tient vraiment à cœur.

Moi aussi, je parcours un chemin de guérison

S'ensuit le moment des consultations médiumniques. Chaque jour, lors de chaque séance, j'apprends quelque chose de nouveau. Je suis conscient que vous n'êtes pas venu à moi par hasard, et inversement. J'ai à vous transmettre des informations et vous étayez également mes connaissances à travers nos échanges. Mais je ne suis pas la « personne qui sait ». Je vous transmets seulement certains messages comme une radio émet des ondes et des informations. Ne croyez pas que je me situe moi-même au-delà des conditions de cette vie terrestre et que j'ai guéri de toutes mes blessures émotionnelles. Comme tout un chacun, j'ai un travail psycho-émotionnel et spirituel à effectuer sur moi-même. J'ai aussi mes failles, même si j'en ai peut-être moins que d'autres personnes du fait de mes connexions à l'au-delà.
Je crois aussi que lors de mon évolution terrestre, je suis passé par d'innombrables situations qui me permettent de mieux comprendre les problématiques émotionnelles des nombreuses personnes qui viennent à moi lors des séances.

On ne peut développer certaines facultés médiumniques sans être passé par la case « Départ ». Il faut aller à sa propre rencontre et suivre un chemin d'éveil. Apprendre d'abord à se connaître puis guérir. Enfin, évoluer vers l'amour infini et rester serein face aux hauts et aux bas inéluctables de la vie. Sans la guérison de ses blessures intérieures, sans ce chemin d'éveil, les énergies d'un médium seraient sans cesse déstabilisées et sa connexion au plan invisible en serait amoindrie. D'où la nécessité pour un thérapeute ou un « messager du ciel », comme moi, d'avoir effectué un long parcours personnel de guérison avant d'aider autrui.

Ce qui se passe lors de mes visions

Je sais que vous êtes curieux et que vous souhaitez probablement tout savoir ! Alors, comment vous expliquez avec les mots adéquats la façon dont je reçois les « messages », « visions » et « ressentis » ? Je n'ai pas la science infuse, loin de là, mais je peux tenter de fournir une description des sensations que je ne maîtrise pourtant pas vraiment.
Vous rappelez-vous mes explications sur ma connexion à mon centre cardiaque ? Une fois dans cette « ambiance » de prière, j'établis une connexion d'amour et de paix avec ce qui m'entoure. Je peux me connecter à volonté à cette sensation afin de ressentir les énergies autour de moi. Je me sens prêt à capter, comme si j'appuyais sur le bouton *Ready*. Je capte vos énergies lorsque vous êtes en face de moi, tout comme je peux me connecter aux énergies des grandes catastrophes naturelles mondiales, comme les séismes, les feux de forêt, les tsunamis, etc.

Je peux effectuer des allers-retours vers mon cœur pour canaliser différentes informations. Cela demande énormément d'énergie ! Une énergie physique, mentale, spirituelle... Je ressens comme une sensation de « décorporation ». Je sors littéralement de mon corps avec mon âme. Mon âme, mon énergie vitale, emprunte le chemin de la sortie corporelle par le canal de la fontanelle, une zone cartilagineuse sur le dessus de mon crâne. Cela permet de saisir des informations situées dans une autre dimension, que la plupart d'entre vous ne perçoivent pas.

Je canalise les anges n'importe où !

Pour canaliser les informations disponibles uniquement dans l'invisible, je dois être en bonne condition physique. Si je suis énervé pour une raison quelconque, ou même fatigué, je ne serai pas dans le même état physique et émotionnel, et je capterai moins bien les messages. Cependant, si je me sens simplement un peu las, je capterai parfois mieux ! Pourquoi ? Car dans cet état de lassitude et de nonchalance, je suis plus détaché du plan matériel. Je lâche prise spontanément sur ce qui m'entoure. Si mon corps physique subit un décalage horaire par exemple – comme j'en ai fait fréquemment l'expérience durant mes années de steward, mon premier métier –, je ressens plus aisément les énergies des personnes autour de moi. Pendant les vols long-courriers, que ce soit avec mes collègues ou les passagers, je captais par exemple plus facilement des informations sur leur être. Le mental n'étant plus une barrière à ma connexion au Divin, lorsque je lâche prise, je deviens comme poreux à tout ce qui m'entoure.

Témoignage de Nicolas-David

Les messages transmis à un pilote en plein vol

Voici une anecdote qui illustre mon état de réceptivité. En juillet 2021, j'effectue un vol retour entre le Canada et Paris, en tant que steward. L'avion décolle de Vancouver aux alentours de 19 heures, soit 4 heures du matin heure française. On ressent une forte fatigue à ces horaires-là, que l'on soit habitué ou non à ces trajets. Notre corps ayant des cycles circadiens (jour/nuit) déterminés, après une heure du matin (lieu de résidence), on est envahi par une immense envie de dormir... Même si j'évite de somnoler devant les passagers, alors que je travaille en classe « business », mon corps me fait bien comprendre que ce n'est pas l'heure d'être très actif. Je me rappelle qu'il y avait très peu de passagers cette nuit-là, peut-être cinq passagers pour une vingtaine de sièges au total dans la cabine. L'embarquement commençant, j'aide les premiers clients à s'installer et je leur propose une boisson rafraîchissante : « Désirez-vous du champagne ou bien du jus d'orange ? » Une fois l'avion décollé, je m'apprête à présenter le menu aux passagers dont je m'occupe tout au long de ce voyage. Un voyage quelconque... ou presque. Il est fort probable que le premier client de mon service en classe affaires se souviendra toute sa vie de moi ! Je m'avance vers cet homme assis au premier rang. Il n'est pas vêtu d'un costume strict, et semble plutôt à son aise. Tandis que je lui propose le menu, instantanément, de nombreux flashs s'imposent à moi. En un regard échangé, je perçois cet homme dans diverses situations de sa vie personnelle et professionnelle. Dans mon état de lassitude dû au décalage horaire, mes captations sont nombreuses et incontrôlables. Une sorte de balayage fréquentiel survient spontanément, associé à des dizaines d'images, de sons et de sensations. Et je n'ai pas la force physique de les contrôler, ni même la force de contrôler la transmission des captations que je reçois.

Je m'approche alors discrètement du passager.

— Excusez-moi de vous importuner, cher monsieur, mais seriez-vous pilote d'hélicoptère ?

— Pardon ? Je ne comprends pas votre question...

— Êtes-vous pilote d'hélicoptère ? Je vous vois assis dans un hélicoptère, installé à l'avant de l'appareil avec un casque sur la tête. Je distingue une personne avec vous. On dirait un prince ou un émir assis à l'arrière du véhicule. Il est vêtu d'un habit blanc avec un voile de couleur sur la tête. Vous vous trouvez à l'intérieur de cet hélicoptère et c'est vous qui pilotez. J'ai l'impression que c'est votre métier. Vous conduisez cette personne quelque part parce que vous travaillez pour elle !

Les mots sortent de ma bouche à toute vitesse, comme si mon corps n'était qu'un canal de transmission. Comme si le monde invisible utilisait ma bouche pour faire passer des messages. J'en suis presque spectateur.

— Excusez-moi, mais je ne comprends pas trop ce qu'il se passe. On vous a parlé de moi ?

— Non, pas du tout ! Je vous dis simplement ce que je ressens et ce que je vois dans ma tête.

L'homme a l'air complètement perdu. Comme s'il avait en face de lui un extraterrestre !

— Je suis désolé, mais je ne comprends toujours pas...

— Puis-je vous demander si vous conduisez un hélicoptère et si vous travaillez pour un émir ?

— Oui ! Mais comment savez-vous cela ?

— Je le vois dans ma tête !

En effet, j'aurais dû être plus explicite ! J'agis tellement naturellement que je ne me rends pas compte que mes capacités paraissent extraordinaires à certains.

— Comment ça, dans votre tête ?

Il reste bouche bée. Et, comme souvent, je n'ai aucune conscience terrestre de la situation. Les messages m'envahissent tandis que ma fatigue empêche tout contrôle.

— Je suis médium, lui dis-je en chuchotant. Je ne me comporte jamais de cette manière mais je ne peux me retenir de vous dire ce que je ressens. D'ailleurs, c'est bien que vous rentriez en France. Votre fille vous attend. Elle est toute petite. Elle est née il y a presque un mois, c'est cela ? Vous n'étiez pas présent le jour de l'accouchement de votre femme. Vous n'avez pas pu rejoindre votre famille depuis, n'est-ce pas ?

Abasourdi, mon client a son visage qui se fige au fur et à mesure de mes propos.

— Mais comment savez-vous tout cela ? Il est exact que ma femme a accouché il y a presque un mois, je rentre pour voir notre fille...

— Vous êtes bien pilote d'hélicoptère ?

— Oui !

— Ah ! c'est incroyable ! Félicitations ! lui dis-je tout joyeux.

Lui, ne l'était absolument pas...

— Pardon... Mais pouvez-vous me laisser un moment, s'il vous plaît ? Je ne sais pas comment vous faites. Cela me fait très peur. Je ne suis pas sûr de tout comprendre...

— Je vous prie de m'excuser, je ne fais jamais cela, ce n'est pas dans mes habitudes. Mes ressentis étaient tellement puissants que je n'ai pas pu m'empêcher de vous en faire part ! »

Sur le fond, cet événement illustre la volonté des anges de faire passer certains messages. Souvent de façon constructive ! En effet, dans ce cas, les anges souhaitaient indiquer à ce monsieur qu'il était important d'être à côté de ses proches lors d'événements fondateurs, comme la naissance de sa fille. Sans culpabilisation, juste en l'éclairant sur la situation pour l'amener à réfléchir sur le vrai sens des choses et sur ses choix.

L'importance de capter des informations à tout moment

Cet événement illustre la puissance du monde de l'invisible, ainsi que ma perméabilité exacerbée lorsque je suis fatigué. Je me retrouve alors sans filtre, sans être bloqué par mon mental. Les informations affluent. Il me faut les exprimer à tout prix, sinon elles se répètent en boucle dans ma tête. Au risque de me perturber si je ne délivre pas les messages, quitte parfois à ne plus pouvoir dormir ! Il m'a fallu des années pour apprendre à mieux contrôler cet état, à conscientiser ces moments. Sans forcément y arriver à chaque fois…

Ma connexion lors d'une consultation

Lors de mes séances médiumniques, ma connexion est différente puisque j'effectue mon petit rituel de connexion au cœur, avant de vous recevoir. Je prends le temps de me préparer avant votre venue, de me mettre à la disposition des anges, des êtres de lumière et de mes guides spirituels. Les anges sont des êtres célestes très élevés dans la hiérarchie divine puisqu'ils sont des messagers de Dieu. Ils agissent en tant que messagers et gardiens. Ils annoncent, selon la volonté divine, les bons ou mauvais présages. Les êtres de lumière divine sont des entités célestes puissantes dotées d'une énergie vibratoire élevée. Ils nous guident et nous éveillent. Leurs messages sont bienveillants et dévoilent la véritable identité de la personne en face de moi. Ils réalisent comme un scanner de chaque consultant pour que je comprenne la personne que j'ai réellement en face de moi. Qui elle est dans son âme, tout entière, et la raison pour laquelle elle est incarnée sur terre. Ils m'indiqueront globalement la mission de vie du consultant, identifieront ses blocages émotionnels et donneront des clés pour qu'il parcoure un chemin de vie harmonieux. Cela me permet d'être un « psy 2.0 » en quelque sorte !

Un guide spirituel est un être spirituel assez élevé, il est un accompagnateur dans notre développement spirituel. Il nous permet de voir tout le potentiel dont nous sommes dotés et de nous reconnecter à notre âme, moins à notre ego. Mon guide spirituel me permet, lors de mes consultations, de m'orienter dans mes ressentis, de m'inspirer, de voir avec plus de clarté les informations essentielles, mais également de me protéger. Les guides spirituels ne se réincarnent plus. Ils ont réussi toutes les expériences liées à leurs différentes incarnations et ont excellé. Ce sont eux qui me permettent de vous rencontrer, c'est grâce à leur aide que je peux vous aider.

Durant une séance, lorsque je me connecte à eux, imaginez-moi assis sur ma chaise, à mon bureau. Ma tête est baissée vers le sol, mes yeux grands ouverts, je regarde une fois à droite, une fois à gauche, comme si je cherchais quelqu'un du regard. En réalité, je sors de mon corps avec mon âme-esprit pour entrer en lien avec le monde de l'invisible et j'effectue des sortes d'allers-retours entre notre monde et l'au-delà. Une énergie spirituelle vibre autour de moi. Je peux la ressentir et la décrire sans pourtant la voir de mes yeux dans la pièce. Je suis en état de conscience modifiée, dans un état méditatif particulièrement détendu. Le regard dans le vide, comme si je fixais un écran pendant de longues minutes, sans cligner des yeux. Mes anges me montrent en projection mentale l'apparence vibratoire de ce qui est à proximité de moi. Cela pourra être un défunt, un esprit, un ange, un animal, etc., en lien avec le consultant.

C'est comme si mon âme sortait de mon corps, projetée dans l'autre dimension. C'est ce que l'on appelle la « décorporation » ou la sortie du corps. Lorsque je suis projetée dans l'autre dimension, par le biais de ma conscience extraneuronale, tout est possible. Les informations que je canalise sont multiples. Ce sont celles que je dois vous transmettre et non celles que vous avez choisi d'entendre. Foncièrement utiles, ces messages doivent vous permettre d'agir pour modifier certaines situations de votre vie.

Des frissons de froid ou de chaud peuvent m'envahir. Je capte des sons ou des paroles. Cela se produit de deux manières : à l'intérieur ou à l'extérieur de ma tête. J'entends parler à toute vitesse ou à intensité modérée, à la fois à l'extérieur de mon corps et dans ma tête. Le phénomène est similaire aux pensées. Les pensées, elles, sont une projection mentale. Je n'entends pas ma propre voix. Je distingue une multitude de sons, semblables à différentes voix. Il m'est alors possible de discerner s'il s'agit de mes anges, mes guides, d'autres entités ou encore de la présence de défunts proches de vous. Si le défunt avait un accent particulier lors de son incarnation terrestre, je le saurai car il s'adressera à moi avec cet accent. Non pas qu'il garde cet accent de l'autre côté du voile ! Les cordes vocales sont indissociables de notre corps terrestre et ne subsistent pas dans l'invisible. Mais un défunt utilisera maintes astuces pour que ses proches vivants le reconnaissent. Les sons que je perçois de mes anges ne sont pas audibles par les oreilles humaines puisque je les capte en dehors de mon corps terrestre. Certains diront que cela se produit via ma pensée. En ce qui me concerne, je capte les sons de mes anges à travers mon âme, ma conscience extraneuronale. Je ressens et peux localiser ces sons, proches ou loin de moi, dans ou à l'extérieur de ma tête, à cinquante mètres ou quel que soit l'endroit, dans un lieu différent, etc. C'est un peu comme lorsqu'on parle à haute voix dans sa tête, excepté le fait que ce n'est pas ma voix, ni moi-même qui me parle et que je peux localiser les « voix » proches ou éloignées. Ces voix peuvent être de différentes intensités, douces ou aiguës, empreintes d'énergies positives ou négatives. Je peux également déceler s'il s'agit d'une voix féminine ou masculine. L'énergie féminine est plus douce, quand l'énergie masculine est plus affirmée, plus dans la force. Je peux déceler un accent lors d'un contact avec un défunt ; si la venue de l'entité est liée à un intérêt, par exemple vous délivrer un message ou vous alerter sur une situation ou non ; si l'âme du défunt est plutôt vaste et imposante, ou « petite », comme celle d'un enfant ; si elle est remplie d'amour ou non ; si elle est plutôt joyeuse ou triste. Ce ne sont pas toujours les mêmes voix que je discerne.

Si ce sont mes guides ou mes anges qui me « parlent », ils n'ont pas à proprement parler de cordes vocales, ils créent une vibration sonore similaire aux voix humaines. Je peux les reconnaître car ils ont leur propre façon d'interagir avec moi. Ils m'offrent une énergie de paix intense et d'amour. Ils peuvent transmettre certaines informations en me bousculant énergétiquement, en m'envoyant une décharge d'énergie forte qui pénètre mon corps et mon âme. Je l'appelle souvent le « frisson du cœur ». Ils font vibrer tout mon être tandis que des frissons apparaissent sur l'ensemble de ma peau. Mes capteurs sensoriels corporels m'indiquent qu'il se passe quelque chose dans mon être. Les âmes connectées à moi vont ainsi, via ces différents sons et voix, me soumettre de nombreuses informations. En présence de mes anges, je vous donnerai des informations essentielles à votre développement spirituel et humain.

Si ce sont vos proches défunts qui s'adressent à moi, ils me donneront un maximum d'informations pour que vous puissiez précisément les reconnaître. Des mots en langue étrangère pourront me donner une indication sur l'origine du défunt. Ce dernier pourra s'adresser à moi dans sa langue maternelle, avec quelques mots. Je ne suis pas capable pour l'instant de capter tout un dialogue en russe par exemple. Les messages sont automatiquement traduits dans ma langue natale, nul besoin d'interprète lors de ces séances !

C'est par ce biais que j'ai entendu une défunte me parler dans une autre langue. Elle disait : « Baba, babouchka ! Dis ça à ma fille. » La consultante m'a répondu : « C'est ma grand-mère ! *babouchka* signifie "grand-mère", en russe et *baba,* "mamie" ! » J'adore apprendre certains termes étrangers via les contacts spirituels ! C'est incroyable ! Lorsque je prononce des mots qui ne sont pas dans ma langue maternelle, les signes sont encore plus frappants pour le consultant. Il ne peut y avoir de doutes au sujet du contact défunt. C'est très précis ! Certains termes étrangers peuvent sortir de ma bouche de façon soudaine, telle une explosion, ou bien je dois prendre le temps de décrypter ce que « j'entends ». Comme je ne parle pas toutes les langues étrangères, je ne comprends pas tout de suite ce que cela signifie. Avant tout, il faut que je puisse transmettre tout ce que je capte, le moindre son, la moindre parole. Même si je ne comprends pas de quoi il s'agit, tout peut avoir un sens et une utilité.

Les voix et sons perçus peuvent être très intenses au niveau vibratoire ou bien très doux. Le niveau d'intensité du contact fera que j'entendrai ces sons très lentement comme si on ralentissait une bande-son, ou rapidement comme si on l'accélérait. Je dois me concentrer pour extraire un maximum de ressentis, pas seulement des sons, mais également des émotions, des images, des visions, etc. Si la bande-son se déroule lentement, je dois essayer à ce moment-là de disséquer ce que je perçois. C'est pour cette raison que je demande d'adapter la vitesse des informations perçues pour en saisir la teneur exacte. Je dois exprimer dans ma tête ou à haute voix mes souhaits : « Les anges, s'il vous plaît, ralentissez, vous allez trop vite… Je capte trop d'informations à la seconde, je n'arrive pas à tout saisir… »

Vous pourriez vous demander : « Mais pourquoi les anges n'adaptent-ils pas la vitesse d'émission de leurs messages pour que ce soit plus facile ? » Les anges n'ont pas encore délivré tous les secrets de leur fonctionnement ! Mon but reste de capter, transmettre et décrypter les informations entre les différentes dimensions afin de vous aider à comprendre

la raison de votre incarnation et la suite de votre mission. Vous devez être aussi acteur de votre vie. Les anges vont ainsi vous donner certaines informations pour rectifier le tir. À vous de modifier ou non votre comportement !
La vitesse des informations perçues dépend de mon énergie et de mon propre état de fatigue, tout comme de l'énergie du défunt. Plus les âmes ont été bienveillantes et/ou croyantes en la vie et en l'amour, plus la connexion sera fluide. La connexion dépend aussi de l'énergie du consultant. Si ce dernier bloque les informations en doutant de moi, l'échange est plus difficile ou confus... Pour finir, cela dépend également des énergies alentour, humaines, terrestres, lunaires et spatiales... Oui lunaires et spatiales ! Si les énergies universelles sont lourdes et denses comme lors des pleines lunes ou des éclipses par exemple, je capterai moins bien les messages ! J'essaie de ne pas exercer mon activité médiumnique lors de certaines phases lunaires qui génèrent des énergies denses pendant lesquelles mes capacités diminuent légèrement, car il me faut alors beaucoup plus de concentration.
Il arrive parfois que certains défunts ne s'expriment pas du tout. Ils n'émettent aucun son, ni aucune voix. J'ai l'impression que plus le défunt a été bienveillant et ouvert aux autres lors de son incarnation, plus il aura de facilité à entrer en contact avec les vivants. Plus il aura mal agi, plus il devra réaliser des « stages » dans l'au-delà pour apprendre à utiliser les outils qui permettent de se connecter au plan terrestre et de délivrer un message.
Si le défunt ne peut s'exprimer, les guides peuvent prendre le relais. Il arrive aussi parfois que les anges ou les âmes des défunts me demandent d'utiliser un jeu de cartes ou des oracles. Les oracles sont des cartes dont seules des images

sont imprimées, sans autre indication. Cela permet de capter plus librement, via l'image, de multiples sensations.

La communication avec les suicidés

J'ai remarqué que les gens morts par suicide utilisaient une manière particulière d'interagir avec moi lors de nos connexions : ils restent silencieux. Je perçois entre mon corps, mon âme et ces derniers une sorte de vitre imaginaire qui fait office de bouclier entre nous. Un peu comme un parloir de prison. Cette séparation doit nous éloigner. Est-ce la raison pour laquelle ils s'expriment via les oracles plutôt qu'avec des sons ? Ou est-ce le fait qu'ils n'ont pas les outils nécessaires à la communication du fait de leur acte terrestre ? Je distingue généralement de la lumière derrière cette baie vitrée comme pour m'indiquer qu'ils sont bien dans la lumière divine empreinte de paix. Mais ces âmes sont en apprentissage. Elles doivent comprendre pourquoi elles ont réalisé ce geste fatal et les conséquences que cela a engendrées sur leur parcours d'incarnation et leur entourage. C'est mon expérience personnelle en tant que médium car j'ai eu maintes fois des contacts avec des âmes de personnes suicidées. Mais je ne peux pas généraliser les cas. Chaque âme est unique. Cela dépend de la façon dont la personne a réalisé cet acte et des circonstances du suicide. Certaines meurent de cette façon car elles souffrent d'un déséquilibre hormonal et neurologique inné ; il y a celles qui décèdent à la suite de la prise de médicaments ; celles qui ont une infirmité de naissance ou qui deviennent infirmes et qui n'acceptent plus de souffrir ; de ce fait, ces personnes mettent

fin à leur incarnation par suicide assisté (comme en Suisse ou en Belgique), ou seules par leurs propres moyens.
Il y a aussi les âmes qui sont poussées à en finir par un manque d'estime de soi, à cause d'une trop grande dévalorisation personnelle, d'un manque d'amour lié à l'enfance, d'un rejet social, etc. Il existe malheureusement d'innombrables raisons pour lesquelles cet acte désespéré aboutit à une mort prématurée.

Acceptez votre incarnation, même si c'est difficile

Dans l'absolu, nous ne sommes pas maîtres de notre départ, de notre mort. Parce que c'est Dieu qui nous donne la vie, c'est lui qui la reprend. Si nous choisissons d'y mettre un terme, ce n'est pas la « bonne » décision. La mission de vie étant choisie avant l'incarnation, nous devons, même si cela paraît complètement absurde et atroce humainement parlant, laisser la « fin » arriver toute seule. Pourquoi vous dis-je cela ? Parce que mes guides et mes anges me l'ont toujours énoncé de la sorte. Quelle que soit la situation, nous devons laisser notre incarnation se dérouler jusqu'au bout, sans l'interrompre volontairement. Nous avons le pouvoir de projeter des intentions positives pour améliorer notre situation, selon la trajectoire de chacun, bien entendu. Nous devons comprendre que ce corps, qui nous fait parfois tant souffrir, demeure une enveloppe précieuse durant notre incarnation, avant la délivrance de notre âme de l'autre côté. Selon les cas qui conduisent un être à se suicider, il aurait peut-être suffi de consulter un psychologue, un psychiatre ou d'autres thérapeutes pour ne pas en arriver à un tel drame.

Le suicide est-il prévu dans notre contrat d'incarnation ?

Ce n'est pas le cas. Pourquoi ? Parce que mettre un terme à notre propre vie atteste de notre échec lié à notre incarnation terrestre. Si nous réussissons notre contrat d'incarnation, c'est que nous allons au bout de notre expérimentation sur le plan humain. Sinon, l'âme se réincarnera à nouveau pour aller au bout de son expérimentation.

Pourquoi le suicide n'est jamais une solution...

Parfois, la vie paraît si compliquée qu'aucune remise en question ne peut avoir lieu. Cependant, les anges gardiens essaient par tous les moyens d'empêcher cet acte irréversible. C'est alors que s'enclenche le libre arbitre : j'engendre une guérison de mon être ou non.

Imaginez votre vie telle une surréalité. La vie n'est pas si réelle que cela, en fait. C'est une dimension créée pour vivre des émotions et grandir dans l'amour. Si nous pouvions regarder notre mission de vie, choisie avant l'incarnation, jamais nous n'aurions décidé d'en finir car nous en connaissions la fin et la résultante positive d'avoir évité ce choix fatal. Notre cerveau ne peut comprendre ni même imaginer ce processus. C'est fait exprès : si vous vous rappeliez votre vie désincarnée vous n'agiriez pas en conséquence. Le jeu serait truqué.

Agissez toujours avec votre cœur. Ni avec folie ou passion, mais avec votre cœur lié à l'amour pur divin dénué d'égoïsme et d'intérêts.

Témoignage d'Albert

Ses amis morts par suicide le contactent

Je me souviens d'une connexion avec un défunt suicidé, nommé Michel, qui s'était ôté la vie près d'une trentaine d'années auparavant. Albert, un consultant luxembourgeois, pharmacien, me contactait pour la troisième fois. Au bout de quelques minutes de notre entretien téléphonique, je sentis une présence dans mon dos et j'eus la vision d'un homme derrière une immense baie vitrée. Je distinguais une intense lumière d'amour et de paix. J'affirmais au consultant :

— Un dénommé Michel est là. Il s'est suicidé il y a vingt-cinq ou vingt-huit ans de ça, est-ce que cela vous parle ?

— C'est incroyable ! C'était un ami d'enfance ! Mais comment se fait-il qu'il se présente à vous puisque cela fait des années que je n'ai pas pensé à lui et que je n'en parle pratiquement jamais autour de moi ?

— Il me dit qu'il est bien, qu'il est dans la lumière. Qu'il a bientôt terminé d'attendre.

— Je comprends… Mais, en quoi cela me concerne-t-il ?

— Peut-être connaissez-vous sa famille ? Vous pourriez éventuellement leur transmettre son message ? Il me fait comprendre qu'il sera dans la Grande Lumière bientôt. Qu'il est heureux et qu'il a tout compris. Il va retrouver la paix et grandir…

— Je suis très fier et content pour lui ! En même temps cela fait pas mal d'années qu'il est décédé…

— J'ai l'impression qu'après trente années terrestres certaines âmes avec ce même parcours sont libérées.

— Peut-être… En tout cas, si je croise sa famille je ne manquerai pas de leur en parler !

— Mais vous connaissez une autre personne qui s'est suicidée !

— Oui, malheureusement, j'ai perdu deux amis il y a fort longtemps…

— L'un d'entre eux est également avec moi ! C'est un homme. Il dit qu'il est encore en attente mais qu'il sera bientôt libéré ! En ce qui le concerne, cela doit faire vingt années terrestres qu'il s'est suicidé. D'ici quelques années, il sera délivré !

— C'est incroyable ! Pourquoi veulent-ils que je sache cela ?

— Comme je vous l'énonçais tout à l'heure, peut-être pour avertir leur famille ou bien vos amis respectifs. Pour leur faire comprendre qu'ils sont bien maintenant. Ensuite, cela peut vous apporter des réponses sur la vie dans l'au-delà et sur les gestes à ne pas entreprendre en tant qu'humain. Je ne parle pas forcément pour vous mais certainement pour les personnes que vous seriez amené à rencontrer dans votre domaine, le monde médical.

— C'est vrai, c'est noté ! Je suis étonné et en même temps tellement content pour eux ! Merci à vous !

— Je vous en prie ! Ce sont eux qui sont venus à moi, vous deviez réceptionner ces messages !

Après un suicide, retrouver le chemin vers la paix

Certains défunts ont besoin d'apporter des informations sur ce qu'ils vivent et sur leur état d'âme (l'énergie de leurs âmes en devenir). C'est par ce biais que j'ai compris que certaines personnes suicidées peuvent rester près d'une trentaine d'années terrestres dans un lieu de paix situé dans l'au-delà, un peu à part de celui dans lequel nous sommes tous destinés à nous retrouver, selon notre parcours de vie terrestre.

Mes ressentis face aux énergies des défunts et des entités

J'ai beaucoup insisté jusque-là sur mes ressentis liés aux voix et aux vibrations sonores que je perçois de l'autre monde. Mais j'ai de nombreux autres ressentis. Comme je me rends disponible pour être connecté à l'invisible, mon canal est ouvert et je ressens certaines énergies qui se mêlent à mon être. Je suis comme une pâte à modeler mélangée à d'autres, de multiples couleurs. Je suis capable de reconnaître si une énergie est bénéfique ou maléfique parce qu'on me l'a enseigné durant tout mon parcours spirituel ces vingt dernières années.

L'énergie est un package, un ensemble d'émotions. Un peu comme un résumé de vie. Un défunt se présente à travers cette énergie. Nous sommes notre conscience extraneuronale via cette énergie. Nous emmagasinons notre mémoire dans cette boule énergétique qu'est notre conscience hors du corps. Lors de la connexion à l'énergie d'un défunt, je sais tout de suite s'il a été triste, délaissé, violenté, heureux ou gravement malade lors de son incarnation terrestre. Cette boule d'énergie est remplie de toute cette mémoire. S'il s'agit d'une entité d'une autre dimension qui n'a pas été incarnée, je saurai seulement si elle est bénéfique ou maléfique et de quelle intensité elle est. Elle pourra être fortement bénéfique ou intensément maléfique. Comme s'il existait des degrés, des niveaux d'intensité, dans le bien et le mal. Je suis à même de les gérer. Si c'est une entité de charge négative, je peux m'en protéger et lui bloquer l'accès grâce à mes intentions et à l'aide de mes guides et de mes anges. Je refuse l'accès à ces entités nourries par la malveillance. Si c'est une entité positive, je l'accueille volontiers.

Ma perception de la source divine

Savez-vous que Dieu est une énergie ? On le nomme ainsi et on le relie à des religions et des dogmes, alors que c'est une immense énergie d'amour infini. Il n'a pas de limite. Il n'est ni masculin ni féminin. C'est un tout, une unité douce et puissante d'amour éternel.

Selon ma propre vision, Dieu est partout et en toutes choses. Il est dans l'air que l'on respire. Son énergie d'amour coule autant dans la sève des arbres qu'elle vibre dans le rayonnement du soleil... Regardez autour de vous : dans la nature tout est parfait ; notre corps humain est parfait et extraordinaire à la fois. L'Univers recèle encore bien des mystères, et tout son fonctionnement est millimétré pour que tout se déroule selon une loi divine bien définie. Je ne peux en aucun cas penser que Dieu n'existe pas. Sa présence me remplit de joie simplement en ouvrant les yeux et en m'émerveillant face à la nature ! Comment alors ne pas croire en Dieu ? Si vous ne croyez pas en une force impalpable supérieure à vous, alors vous ne croyez pas en vous. Vous êtes bien vivant sur cette planète Terre, n'est-ce pas ? Si vous êtes ici, lié au mécanisme universel de cette infinie et mystérieuse beauté qu'est l'Univers, c'est qu'il y a une raison à cela.

Ma vie est remplie de cadeaux car j'accepte les événements tels qu'ils sont prévus pour moi. Je n'essaie pas de contrôler quoi que ce soit, je fais confiance à Dieu. Si je vis sur terre à notre époque, c'est pour une raison. J'accepte cette réalité en faisant confiance à la source divine. J'agis et j'apprends en permanence lors de mon expérience humaine. Si je ne faisais pas confiance à cette source et si je n'agissais pas, rien ne se passerait. Dieu, les anges et mes guides m'enverraient certainement des messages et des synchronicités pour m'aider à avancer. Mais si je ne souhaitais pas accepter les aides extérieures afin de guérir et d'appréhender mon chemin de vie, je prendrais du retard sur mon contrat d'incarnation. J'ai le libre arbitre d'accepter ou non ma mission de vie en guérissant de mes blessures tout en sachant que si je ne l'accepte pas ou si j'ai du retard sur celle-ci, je me réincarnerai pour terminer l'expérience bénéfique à l'évolution de mon âme.

La présence des entités négatives

Mes années d'expérimentation spirituelle m'ont appris à faire la différence entre les entités négatives qui se font passer pour une entité bienveillante et les autres âmes reliées au Divin. Les entités négatives sont des âmes, des esprits malveillants. Ces entités sont issues de personnes décédées qui ont eu un comportement humain au-delà du négatif. Un meurtrier, un violeur, une personne qui a pris des décisions atroces pour tout un peuple (comme Adolf Hitler par exemple) sont définies comme « démoniaques ». Elles ne seront pas dans la paix ni la lumière. Elles erreront dans des niveaux inférieurs, tel l'enfer, le bas astral pour l'éternité. Plus ses actes sont démoniaques moins l'âme a la possibilité de rejoindre l'éternité divine d'amour.

Les démons, tels qu'on les nomme, donneront lors des connexions médiumniques des signes probants pour tenter d'attirer un médium dans leurs filets. Si le médium ne coupe pas immédiatement la connexion, l'entité négative se nourrira des peurs du médium, s'il en a, et de celles du consultant pour amplifier son empreinte démoniaque. Le reste de la communication en sera aussi brouillé et les affirmations seront incohérentes.

Un médium expérimenté reconnaîtra ces âmes noires et coupera toute connexion avec elles. Lors de certaines captations médiumniques, il se peut qu'une entité négative essaie de s'immiscer juste pour créer un lien afin de posséder ou de s'accrocher à votre âme ou à celle du médium. Ces dernières gâcheront votre existence. Vous n'aurez alors qu'une succession de tracas et de malheurs dans votre vie. Elles sont très malignes et très friandes des profanes. Les novices qui tentent par n'importe quels moyens d'acquérir des capacités spirituelles avancées pourront rencontrer ces problématiques. Vous tombez dans leur piège en vous orientant vers la magie ou la chasse aux fantômes sans en connaître les différents aspects et conséquences.

Une solution de libération existe : consulter des prêtres exorcistes formés par le Vatican. Ils sont très peu nombreux dans le monde. Même s'ils ne savent pas forcément ce qu'ils font, ils prient, et leur action libère avec une grande puissance les âmes noires. Pourquoi plutôt des prêtres que d'autres guérisseurs ? Par mon expérience, je peux attester que le recours aux prêtres fonctionne. Ne jouez pas avec le feu. Le domaine spirituel et le contact avec l'au-delà peuvent être très lumineux comme très fourbes. Prenez les devants en apprenant comment développer vos capacités médiumniques avant de vous lancer dans cette aventure. Demandez constamment la protection divine avant d'ouvrir une porte vers le monde spirituel. N'utilisez pas les planches Ouija ou tout autre jeu spirituel voué à contacter les esprits.

La planchette Ouija, comme son nom l'indique, est un support en bois ou en plastique où sont inscrits OUI et NON ainsi que les lettres de l'alphabet. L'énergie des esprits contactés permet de déplacer un objet triangulaire vers chaque lettre afin de retranscrire leur message mot à mot. Certains jeunes amateurs jouent avec un verre pour remplacer l'objet triangulaire et inscrivent les lettres sur une feuille de papier. Ce n'est pas une façon de contacter les esprits ou vos proches décédés. Rappelez-vous, le monde spirituel est très diversifié et notre planète Terre est plus proche des énergies malveillantes que bienveillantes. Jouer à ce genre de jeu vous apportera plus d'ennuis que de chance. Même si vous cassez le verre à la fin de la session de contact afin de rompre la connexion, cela n'ôtera pas le lien créé avec l'esprit malfaisant, qui va tenter de s'accrocher à votre énergie et vous polluer afin de faire échouer votre destinée vous incitant à prendre de mauvaises décisions. Lorsque vous souhaitez faire un choix, un petit ange bénéfique vous indique la bonne voie et un ange noir vous indique le côté obscur. Si vous avez joué à ces jeux occultes, l'ange noir sera bien plus présent que l'ange bénéfique... Souhaitez-vous vraiment polluer votre âme avec ce genre d'esprits malfaisants ?

Je vais vous raconter une autre expérience vécue en séance privée pour étayer la transcription auprès de vous de mon ressenti lorsque je suis en connexion avec une entité dite « négative », un défunt dont la personnalité était très malveillante au cours de sa dernière incarnation...

Témoignage de Leïla

Un père très toxique

Une dame d'une quarantaine d'années, qu'on nommera Leïla, avait pris rendez-vous avec moi en cabinet après plusieurs séances téléphoniques. Elle souhaitait savoir si elle allait rencontrer l'amour. Je le savais déjà car les guides m'avaient prévenu en amont de sa venue. Ils peuvent me communiquer des informations avant même le jour de la consultation.

Lors de ma connexion avec cette femme, je sens une entité désireuse de se connecter à moi et, immédiatement, un ensemble d'énergies malveillantes... Des frissons de mal-être parcourent mon corps. J'affirme :

— Vous avez perdu votre père, n'est-ce pas ?

— Oui... Pourquoi ?

— Excusez-moi de vous dire cela, mais je sens que votre père était très négatif durant son passage sur terre...

— Exactement ! Je ne souhaite pas du tout lui parler !

La cliente s'est reculée pour indiquer son veto.

— J'aurais préféré vous dire qu'il s'excuse pour le mal qu'il vous a fait endurer lorsque vous étiez enfant, mais cela n'est pas du tout ce qu'il me fait ressentir...

Instantanément, je sens une oppression dans tout mon être. J'entends en dehors de ma tête une voix grave, sombre, dure. J'ai l'impression que c'est un meurtrier qui me met un pistolet sur la tempe et veut me forcer à exécuter ses souhaits : « Prends tes cartes et tes oracles et dis-lui ce que j'ai à lui dire ! » me somme-t-il d'un ton froid et directif.

Me voilà parti dans un échange invisible avec le père décédé de la consultante qui, elle, regarde cette scène surréaliste avec des yeux apeurés et semble complètement déstabilisée.

En parlant au père décédé : « Je vous garantis que vous n'allez pas vous adresser à moi de cette manière ! Partez illico ! J'ordonne que vous partiez ! J'implore l'aide de la puissance divine, de mes anges, archanges et guides spirituels de venir à mon secours et de stopper la connexion avec cet être infâme ! » affirmé-je d'un ton sec. Je récite en boucle les prières *Notre Père* et *Je vous salue Marie* afin d'être libéré et lavé de toute connexion avec cette entité négative. Cela fonctionne à chaque fois. Je me sens mieux quelques minutes après. La consultante est désolée d'être spectatrice de cette scène ubuesque...

— Excusez-moi de vous le dire ainsi, mais votre père, quel goujat ! Il voulait me forcer à me servir de mes oracles pour faire passer son message, qui était très intéressé... Il pensait obtenir un laissez-passer pour monter dans la lumière en feignant des excuses pour son comportement passé. Il n'a vraiment rien compris ! Mais je l'ai vite démasqué. Il doit être dans le bas astral pour agir de la sorte. Je l'ai renvoyé d'où il venait ! Je vous prie de m'excuser pour cette scène farfelue !

Certains défunts ont besoin de se faire pardonner

Habituellement, les âmes viennent à moi dans la paix et offrent leur pardon empreint de tout leur amour, pour aider la personne encore présente sur terre à réaliser au mieux la suite de son chemin de vie. Ce pardon permet, dans un premier temps, d'ôter au consultant toute préoccupation liée au deuil qu'il traverse. Ces préoccupations peuvent être à l'origine de blocages d'ordre émotionnel ou psychologique. Si la personne terrestre ne s'est pas débarrassée de la colère ou de la haine qu'elle a envers ce même défunt au sujet d'actions passées, elle peut y parvenir via un contact médiumnique avec un défunt. À travers ce pardon, un défunt redonnera confiance à ses proches et les délivrera de certaines problématiques émotionnelles qui les bloquent sur leur chemin de vie. De ce fait, grâce à tout l'amour partagé d'un défunt pour son proche vivant et grâce à son pardon dénué d'intérêt, généralement le consultant arrive à pardonner ce qui doit l'être, au même titre que le défunt.

Ce dernier aura la possibilité de passer au niveau supérieur, dans la lumière. Il comprendra les conséquences de ses actes lors de son incarnation. Le bénéfice pour le consultant est de guérir des faits passés et d'avancer sur son chemin de vie en cessant de réagir à partir de ses blocages émotionnels. Son cheminement bénéficiera alors de nouvelles possibilités d'évolution.

Toutes les connexions et tous les messages reçus ont un but. Chaque entité, de l'autre côté du voile, s'exprime à sa manière selon son énergie, son apprentissage durant la vie terrestre mais également son parcours spirituel.

Témoignage de Charline

« Pardonner, c'est accepter l'autre dans son entièreté sans aucun jugement »

« J'ai eu l'occasion d'assister à deux sessions de master class avec Nicolas-David au sujet du "lâcher-prise". J'ai compris énormément de choses sur l'humain et les êtres que nous sommes. À la suite d'une consultation privée, Nicolas-David m'a annoncé qu'il n'y aurait aucun espoir pour que je puisse faire changer le comportement de mon conjoint car notre histoire était liée au karma. Mon conjoint avait émis des choix depuis son adolescence l'amenant plutôt vers le côté obscur : tromperie, mensonge, comportement négatif... Il est vrai qu'il n'a pas eu une enfance facile. Les blessures émotionnelles qu'il portait depuis des années l'ont conduit à faire de "mauvais" choix. Je ne pouvais plus supporter son comportement envers moi.

Lors de ma séance privée avec Nicolas-David, j'ai pris conscience que, malgré mes efforts à le convaincre de se faire aider, je devais me choisir moi et cesser de m'épuiser à vouloir le faire changer. Malheureusement, je devenais spectatrice de son désarroi. Je lui montrais le chemin, mais il ne voulait pas saisir la main tendue. J'ai donc pris la décision de me séparer de lui un moment. Pendant ce long mois de séparation, j'ai énormément prié et j'ai demandé au ciel, aux anges, à l'Univers, d'aider mon conjoint, de lui montrer comment rejoindre la lumière et quitter son côté obscur. Et mes prières ont été entendues. Mon conjoint s'est décidé à consulter Nicolas-David. Celui-ci a pu "scanner son être", comme il le dit si bien, et lui montrer d'où venaient ses blessures et comment parvenir à une guérison afin de faire les bons choix. Son âme, tout son être, a enfin choisi la lumière et a quitté définitivement le côté obscur. J'ai décidé de lui pardonner malgré tout ce que j'ai pu subir à ses côtés, car je sais pertinemment quelle personne il est au fond de son âme. Nicolas-David a pu nous éclairer tous les deux et cela nous a permis d'aller vers le pardon. Le pardon, c'est beau. C'est accepter l'autre dans son entièreté, sans aucun jugement.

Le chemin est encore long, mais l'envie de se battre avec amour et espoir est présente chaque jour. Mon conjoint sourit enfin et s'ouvre à la vie avec une attitude positive. Merci Nicolas-David de nous avoir éclairés grâce à vos anges ! »

La communication avec les défunts à travers des odeurs familières

Il existe différentes façons, pour l'âme d'un défunt, de communiquer. Certaines peuvent même s'exprimer avec des odeurs. Oui, des odeurs ! Les défunts, ou mes anges, activent mon odorat et me transmettent une odeur qu'ils souhaitent faire parvenir à un consultant, comme un signe reconnaissable. Pour cela, ils évoqueront une odeur issue d'un souvenir ou d'une caractéristique du défunt. Par exemple, l'odeur de la cigarette pourra signifier que le défunt fumait intensément et que cette habitude est liée à la cause de sa mort. Ils pourront ajouter à cette odeur une vision pour me faire comprendre que la fille ou le fils venu me consulter devrait stopper cette dépendance à la cigarette, pour ne pas finir comme son parent défunt.

La fragrance d'un parfum permettra de reconnaître un être décédé : votre maman émettra le parfum qu'elle préférait de son vivant, votre père enverra l'odeur de l'eau de Cologne, votre grand-mère se présentera avec le parfum des roses, car elle adorait ces fleurs, votre fils se distinguera par un effluve de chocolat, sa gourmandise préférée, etc.

Je serai le seul à humer ces émanations subtiles en faisant le lien entre vous et eux lors de la consultation. Cela ne veut pas dire que vous ne pourrez pas sentir les odeurs liées à vos proches défunts. Ils pourront également venir à vous de cette façon. C'est avéré lorsque vous ne pensez pas directement à eux. Si vous relatez des souvenirs liés à votre grand-mère et que vous avez l'impression de sentir son parfum, cela ne fonctionne pas. Il ne faut pas du tout y penser. Plusieurs consultants m'ont affirmé qu'ils ont senti certaines odeurs caractéristiques liées à leur enfant, parents ou autres personnes de la famille décédées pendant qu'ils regardaient la télévision. Ils ne pensaient pas du tout à eux à ce moment-là ! Tout est possible du moment où ce n'est ni calculé ni prévisible ! Au-delà des odeurs, vous pouvez ressentir la présence de vos chers défunts n'importe où, cela aura le même but : vous démontrer leur présence et leur éternité.

Vos guides de lumière sont avec vous

Dans le monde spirituel tout est possible. Certaines personnes ont une connexion avec leurs guides quand d'autres doivent demander une aide extérieure pour les amener vers cette connexion extraordinaire. Je vous le répète souvent : si vous faites les choses avec votre cœur, vous serez forcément sur le bon chemin.

Témoigne de Géraldine

« Ma connexion profonde avec mes guides spirituels »

« J'ai toujours ressenti une connexion spéciale avec le monde spirituel, mais je n'avais jamais eu l'occasion de me connecter directement avec mes guides spirituels. Cette quête constante de réponses et de guidance m'a conduite à Nicolas-David, connu pour sa capacité à connecter les gens avec leurs guides spirituels grâce à ses anges.

Dès le moment où je l'ai rencontré, j'ai ressenti une énergie calme et réconfortante autour de moi. Avec son regard serein et sa présence apaisante, il m'a invitée à une séance de connexion spirituelle pour m'aider à découvrir et à communiquer avec mes guides spirituels. Il a ouvert un canal de communication avec le plan spirituel et m'a guidée à travers une méditation profonde, m'aidant à me détendre et à ouvrir mon cœur et mon esprit à l'expérience.

Peu à peu, j'ai commencé à ressentir une présence aimante et protectrice autour de moi. J'ai vu des éclats de lumière et entendu des chuchotements doux, éprouvant une connexion profonde avec mes guides. Nicolas-David m'a aidée avec amour et patience, à poser des questions et à recevoir des messages clairs et réconfortants de mes guides.

À la fin de la séance, j'étais submergée par l'émotion et la gratitude. Grâce à l'aide de Nicolas-David, j'ai pu établir une connexion authentique avec mes guides spirituels, et recevoir orientation, amour et soutien sur mon chemin spirituel et dans ma vie quotidienne.

Depuis ce jour, j'ai continué à travailler avec Nicolas-David, explorant et approfondissant ma connexion avec mes guides. Cette expérience transformante m'a offert une nouvelle perspective et un sens renouvelé de mon chemin, dans ma quête de croissance personnelle et spirituelle. »

Mes flashs sur votre avenir

Au-delà des nombreux contacts avec des défunts, il m'arrive aussi de ressentir des situations à venir. Je ressens des flashs. Je dis souvent : « On me montre quelque chose... » Je suppose que les anges me montrent certaines images pour avertir le consultant d'un événement à venir et saisir une opportunité ou encore, dans certains cas, pour prévenir la survenue d'une maladie.

J'ai en mémoire un flash dont j'ai fait part à une femme nommée Lamia. Lors de sa consultation, je lui présente rapidement mes visions : elle semble harcelée au travail et je vois très vite que l'homme qui la dérange va être muté et bientôt partir. Il n'est donc pas vraiment nécessaire qu'elle déclenche une procédure judiciaire pour s'en éloigner. Je lui parle aussi d'un investissement immobilier à Montpellier... Lamia reviendra six mois plus tard en consultation, ravie de m'annoncer la nouvelle : son harceleur a été muté et elle vient d'acquérir un bien immobilier !

Une autre fois, je confiais à un ami mes doutes à propos de sa nouvelle collaboratrice. Lors de sa prise de poste, je voyais une femme brune, dans la finance, peu fiable et manipulant des données chiffrées. Je lui recommandais d'être méfiant. Il m'apprendra plus tard que sa contrôleuse financière (brune effectivement) avait été licenciée pour compte de société invalidé, et que sa méfiance lui avait permis d'éviter le pire !

Il se passe une multitude de choses lorsque je capte des informations de l'au-delà, cette autre dimension, accessible via mes capacités extrasensorielles. Je ne suis pas un élu, loin de là, mais simplement à disposition du ciel et des anges, pour vous rassurer et vous transmettre les messages de vos proches dans l'au-delà. Mes ressentis ne cessent de s'amplifier au fur et à mesure de mon évolution terrestre et spirituelle. Je suis en apprentissage permanent, et ce, depuis mes premières connexions lorsque j'étais enfant. J'ai appris à contrôler mes ressentis, à détecter les entités négatives, et surtout à vous restituer ces messages. Aujourd'hui, je tente de vous expliquer ma vie de médium, et de poser des mots sur le chuchotement des anges, même si le vocabulaire terrestre est trop restrictif pour illustrer pleinement mes sensations. Il n'est pas évident pour moi de trouver les mots pour exprimer ce qui est de l'ordre de l'inexplicable lors des contacts angéliques ou avec des défunts.

Lors des séances privées, je suis un intermédiaire entre vous et le monde de l'invisible. J'essaie de trouver les mots justes qui correspondent aux messages transmis par mes anges pour vous, afin de vous permettre d'être rassurés, de « croire », de laisser vos incertitudes et vos doutes pour entamer un chemin de lâcher-prise, et vous laisser porter par l'Univers et les synchronicités.

Témoignage de Salila

« Maniaque du contrôle, j'ai réussi à lâcher prise... »

« J'ai fait une recherche sur Internet pour trouver un médium qui parle aux défunts, car je venais de perdre ma mère – la personne la plus importante de ma vie. Il n'était pas question pour moi de me lancer dans une consultation avec un médium sans me sentir en confiance. Puis, je suis tombée "par hasard" sur le site de Nicolas-David, que j'ai trouvé très rassurant.

C'est avec un peu d'appréhension que je suis allée au rendez-vous. Rencontrer un médium, n'est pas un acte quotidien et cela laisse place à beaucoup de questionnements. Je m'interrogeais sur ce qu'il pourrait voir me concernant, sur ce qu'il ne verrait pas, sur la présence ou non des défunts que j'attendais. Un rendez-vous empli d'appréhension et d'espoir tandis que je décidais de découvrir sans attentes particulières ce qu'il me révélerait.

C'est Nicolas-David, lui-même, tout sourire, qui a ouvert la porte. Puis, une fois installé derrière son bureau, simplement à partir de mon prénom et de ma date de naissance, il a décrit avec une précision hallucinante qui j'étais. Il est passé d'abord rapidement sur ma vie antérieure en me disant que sans pouvoir le prouver, cela faisait quand même écho à mon vécu actuel. Il me disait que j'avais été historienne, or j'ai quelques diplômes en histoire... Je me contentais de l'écouter, car il n'avait pas besoin de me poser des questions, il voyait des images, et je cherchais à les interpréter avec son éclairage.

Échanger avec lui, c'était comme passer un moment agréable avec un ami bienveillant, plein d'humour et rassurant.

Il a fait allusion à ma mère, et à mon futur logement en me précisant que je trouverai un appartement dans le 13e arrondissement (je ne lui avais pas indiqué que j'étais en recherche), il a vu mes craintes et les domaines concernés.

Il a également perçu certains de mes états émotionnels et cela m'a permis de prendre conscience de ce qui me bloquait pour avancer dans ma vie.

Comme je suis une maniaque du contrôle, il m'a conseillé d'apprendre à lâcher prise et à méditer. Il a précisé que cela provoquait des raideurs dans mon corps... et c'est tout à fait vrai, je voyais régulièrement mon ostéopathe à l'époque (mais plus du tout depuis que j'ai lâché prise !). Je lui ai avoué sur le moment que me reposer me paraissait impossible, car j'avais constamment besoin de garder la situation sous contrôle. Il m'a indiqué que cela bloquait les signes que ma défunte mère pouvait m'envoyer. Il me percevait entourée d'anges, sous la protection du monde invisible. Il me disait que je recherchais des signes, mais que je ne les voyais pas. Ce qui était aussi vrai. Selon lui, il fallait que je prenne les choses de la vie simplement comme elles venaient... J'étais tout simplement bluffée de découvrir la véracité de ses propos.

En revenant chez moi, j'ai pu réécouter notre conversation. Je comprenais que je devais changer d'attitude. Quatre jours après, je me suis retrouvée aux urgences et j'ai dû subir une opération. Mais j'étais étrangement sereine car j'avais écouté les recommandations de Nicolas-David. Je traversais une nouvelle épreuve que je ne contrôlais pas mais que j'acceptais. Les suites de l'opération ont induit un temps de convalescence de plusieurs semaines dont j'ai profité pour apprendre à lâcher prise et à méditer. Évidemment, transformer une maniaque du contrôle comme moi en méditante s'est avéré un peu compliqué. Mon état de santé ne me permettait pas de travailler, alors j'ai pris le temps de faire des pauses méditatives, en chassant mes pensées et en me concentrant sur ma respiration et mes sensations. Je me disais qu'il me fallait méditer mais je m'endormais quasi immédiatement à chaque fois, sans doute parce que j'en avais besoin. Je n'accordais plus aucune importance à mon travail (moi qui travaille énormément en temps normal).

Je lâchais complètement prise et j'acceptais enfin de me reposer, au prix d'un vrai travail sur moi, qui paraissait absolument nécessaire. Je me rendais compte que les films que je regardais semblaient faire écho à ma vie du moment.

Nicolas-David m'avait dit qu'en méditant je parviendrai à percevoir des signes de l'invisible et à les développer. J'ai eu en effet quelques intuitions concernant des proches.

Mais j'avais encore des questions à poser à Nicolas-David, et j'ai repris rendez-vous par téléphone, un mois, jour pour jour, après la première consultation.

En entendant ma voix, il m'a reconnue et a perçu que j'avais lâché prise. C'était encore une fois hallucinant d'exactitude. J'étais plus détendue lors de ce deuxième échange et c'était très agréable pour moi de parler avec lui. Il a vu une signature de contrat pour un appartement. Le lendemain de cette consultation, je trouvais un appartement dans le 13e arrondissement de Paris !

J'avais demandé à mes proches défunts de venir à la consultation et trois d'entre eux étaient présents au rendez-vous. J'étais ravie et rassurée de découvrir encore d'autres informations sur mon héritage karmique familial, et sur mon évolution. Il s'agissait d'autant d'éléments qui éclairaient mes questionnements et les différents domaines de ma vie.

Pendant la conversation, Nicolas-David m'a demandé : “Vous êtes dans le 93 ou à la Sorbonne ?” Je travaille dans le 93 et j'étudie à la Sorbonne ! Les précisions sont telles qu'il est tout simplement impossible de douter.

Lors de nos échanges, j'ai obtenu des éclaircissements sur mes blocages émotionnels et il m'a conseillée de manière à pouvoir avancer rapidement et déclencher des éléments positifs sur mon chemin de vie. Il s'agit d'une philosophie de vie : il faut s'aimer, prendre soin de soi pour enclencher des événements positifs... Je me sentais particulièrement seule les mois précédents mais aujourd'hui, c'est assez étrange, ce sentiment a disparu. Je ressens la présence de mes proches défunts, je sais que je suis entourée et protégée. Sur les conseils de Nicolas-David, j'ai appris à faire taire mes craintes et je vois les choses évoluer.

Cette rencontre a été pour moi une aide providentielle, comme la main tendue d'un ami qui vous guide vers un mieux-être.

Les messages sur votre évolution spirituelle

L'âme poursuit un voyage spirituel profond et continu qui passe par différentes étapes et expériences à travers les vies successives.

La destinée et l'évolution de l'âme

Selon diverses traditions spirituelles et philosophiques, l'âme est considérée comme éternelle et immortelle, cherchant constamment à évoluer, à apprendre et à se rapprocher de la source divine ou de l'Univers.
La destinée de l'âme est un cheminement vers la réalisation de son plein potentiel spirituel, pour atteindre l'illumination, la sagesse et l'amour inconditionnel. Ce voyage d'évolution de l'âme implique souvent des leçons karmiques, des défis et des expériences destinés à favoriser la croissance, la transformation et l'élévation spirituelle.

Chaque incarnation terrestre offre à l'âme des opportunités uniques pour apprendre, grandir et évoluer. Les relations, les expériences et les défis rencontrés au cours de ses vies jouent un rôle crucial dans le développement de l'âme, lui permettant d'intégrer des leçons, de purifier le karma et de progresser sur son chemin spirituel.

L'évolution de l'âme est également influencée par nos choix, nos intentions et nos actions en tant qu'individu. En cultivant des qualités telles que l'amour, la compassion, la gratitude et la bienveillance, l'âme peut s'aligner plus étroitement avec sa véritable nature divine et avancer vers une plus grande harmonie, un équilibre et une unité avec l'Univers.

Chaque âme est unique, et son voyage d'évolution est personnel et sacré. La compréhension et l'acceptation de l'évolution de l'âme peuvent apporter un sens profond à la vie, inspirer une quête de connaissance intérieure et offrir un sentiment de connexion et d'appartenance à l'Univers.

En fin de compte, l'évolution de l'âme est un voyage de retour à la maison, après avoir mué lors de diverses incarnations. C'est un voyage vers la découverte de sa véritable essence divine et de sa connexion éternelle avec l'amour universel. Un voyage de transformation, d'éveil et de réconciliation avec la beauté et la magnificence de l'existence universelle.

Le cycle des renaissances

Le cycle des renaissances de l'âme, ou réincarnation, est une croyance fondamentale dans de nombreuses religions et philosophies, y compris le bouddhisme, l'hindouisme et certaines traditions ésotériques occidentales.

Le cycle des renaissances de l'âme est le processus par lequel une âme passe à travers différentes incarnations, naissant dans différents corps et expérimentant différentes vies, jusqu'à ce qu'elle atteigne la libération finale ou l'illumination. Chaque vie est une opportunité pour l'âme d'apprendre, de grandir, de résoudre des leçons karmiques et de progresser sur son chemin spirituel.

Ce cycle apporte un apprentissage et une croissance de l'âme. Chaque vie offre à l'âme des leçons uniques et des expériences pour sa croissance spirituelle. Ces expériences aident l'âme à évoluer, à développer la sagesse et à se rapprocher de la réalisation de sa véritable nature divine. Ensuite, ce cycle amène une purification du karma en permettant à l'âme de rééquilibrer ses actions passées et de récolter les conséquences de celles-ci. L'âme a l'opportunité de guérir, de se libérer des attachements et des limitations karmiques, et de progresser vers sa libération spirituelle. Enfin, le cycle des réincarnations offre une opportunité de réconciliation et de transformation. À travers les différentes incarnations, l'âme a la chance de se réconcilier avec elle-même, avec les autres et avec l'Univers. C'est un voyage de transformation, d'éveil et d'intégration des différents aspects de soi pour parvenir à l'unité et à l'harmonie intérieure. Ce cycle d'évolution amène l'âme à la réalisation de son évolution spirituelle, conduisant finalement à la véritable nature de l'âme, à l'illumination et à l'union avec l'essence divine universelle.

Le cycle des renaissances de l'âme est un processus profondément enrichissant et transformateur qui offre l'opportunité de croître et de se réaliser à travers une série d'apprentissages au fil des vies. C'est un voyage sacré de découverte de soi et d'évolution vers la source divine de toute création.

Témoignage d'Agnès

« Je dois mettre un terme à ce que je n'ai pas achevé dans une autre vie »

« Chaque nuit, je faisais le même rêve : je me retrouvais en Palestine, le peuple s'insurgeait contre moi et voulait ma mort. J'étais effrayée et ne comprenais pas pourquoi ce rêve était récurrent. J'ai donc décidé de consulter Nicolas-David pour en savoir plus. J'ai été très vite surprise par son don. Sans dire un mot, il m'a percée à jour. C'est comme s'il me connaissait depuis toujours. Il a pu, sans que je lui dise quoique ce soit, me donner des détails sur mon passé, mon présent et mon futur (et je vérifierais ses dires bien plus tard). Ce qui m'a le plus choquée, c'est qu'il m'a délivré une information pertinente correspondant à mon rêve récurrent :

— J'ai des visions, des flashs… Je vois des colonnes, un temple… Mes anges m'indiquent le nom d'un pays : la Palestine. Cela vous parle-t-il ?

— Oui ! c'est incroyable ! Je fais un rêve récurrent au sujet de la Palestine. Vous êtes bluffant ! Pouvez-vous m'en dire plus ? Je vous laisse vous concentrer…

— Vous avez eu une relation amoureuse avec votre frère. Vous étiez des personnes assez haut placées dans la société de l'époque. Peut-être des princes… Vous faisiez partie d'une certaine royauté, je dirais. Il me semble que vous avez trahi votre propre famille et le peuple, qui souhaite votre mort !

— C'est exactement cela ! Le peuple veut ma mort et je ne comprends pas pour quelles raisons. Maintenant, grâce à vos visions, j'y vois plus clair de mon côté. J'ai décidé de partir vivre en Palestine. Ce pays m'appelle. Il y a quelque chose à résoudre dans cette vie.

— Je comprends. Vous avez certes vécu ce drame et avez une connexion avec votre vie antérieure via vos rêves mais il ne faut pas forcément partir vivre dans ce pays. Le mieux est de réaliser une régression grâce à l'hypnose, appelée également "karmathérapie". C'est le terme utilisé par les thérapeutes afin de vous faire "voyager" à travers vos vies antérieures grâce à l'hypnose pour dénouer des difficultés actuelles. Restez sereine et allez voir un hypnothérapeute spécialisé dans ce domaine. Cela vous aidera bien plus que de partir en Palestine.

J'étais pourtant sûre et certaine que je devais résoudre cette problématique de vie, ici et maintenant. Les sensations lors de ces rêves étaient si intenses que l'unique solution, selon moi, était de tout quitter pour m'installer en Palestine. Une fois sur place, j'aurais été certainement en connexion avec des personnes liées à mes vies antérieures. L'énigme aurait été résolue. Heureusement que la vie a mis sur mon chemin Nicolas-David ! Cela m'a évité de faire une énorme bêtise et surtout cela m'a permis de prendre conscience de beaucoup de choses ! Merci mille fois Nicolas-David ! »

Se libérer des mémoires des vies passées

Beaucoup d'entre vous ressentent des connexions à leurs vies antérieures par différents biais. Dites-vous que le message caché est de guérir d'une blessure émotionnelle qui se répète dans votre vie actuelle. Nul besoin d'aller vivre dans un autre pays ou de partir, tel Sherlock Holmes, résoudre l'enquête autour de votre vie précédente. Parfois, nous sommes appelés vers un pays car nous avons l'impression d'y avoir vécu. Le but n'est pourtant pas de revivre cette vie passée, mais de comprendre les mémoires qui s'y rattachent et d'en guérir afin de ne pas reproduire sans cesse les mêmes schémas.

Nos corps de lumière

Selon certaines traditions spirituelles et ésotériques, l'être humain est constitué de plusieurs corps ou véhicules d'expression qui interagissent et coexistent sur différents plans de réalité. Ces corps subtils, souvent appelés « corps de lumière », sont associés à différents niveaux de conscience, de perception et d'expression de l'énergie spirituelle.

Les principaux corps subtils

Ceux couramment évoqués dans les traditions ésotériques et spirituelles, sont le corps physique, le corps éthérique, le corps astral, le corps mental, le corps causal et le corps spirituel. Ces différents corps spirituels interagissent et s'influencent mutuellement, créant une dynamique complexe qui façonne l'expérience humaine et l'évolution de l'âme à travers différents plans de réalité et de conscience.
Le corps physique est le véhicule tangible que nous percevons avec nos sens physiques. Il est la manifestation matérielle de l'âme dans le monde physique.
Le corps éthérique est tel le double énergétique du corps physique. Il sert de pont entre le corps physique et les autres corps spirituels. Il est composé de canaux énergétiques appelés *nadis* (il en existe des milliers) à travers lesquels circule l'énergie vitale ou *prana*. Ce corps éthérique agit comme une enveloppe énergétique qui nourrit, vitalise et maintient le corps physique en bonne santé. Le corps éthérique n'est pas l'aura, avec laquelle il est souvent confondu. Qu'est-ce que

l'« aura » ? C'est un champ énergétique subtil qui entoure le corps physique et est constitué de différentes couches ou niveaux vibratoires. L'aura reflète l'état énergétique, émotionnel, mental et spirituel d'une personne. Elle peut être perçue comme un champ de couleurs, de formes et de vibrations qui varient en fonction de l'état de santé, de l'humeur, des émotions et de l'évolution spirituelle de l'individu. Le corps éthérique nourrit et alimente l'aura en énergie vitale, tandis que l'aura reflète et manifeste l'état du corps éthérique, ainsi que les autres corps subtils de l'individu.

Le corps astral est associé au plan émotionnel et au monde des rêves, des émotions et des désirs. Il est souvent décrit comme un corps énergétique plus léger et plus subtil que le corps éthérique. Le corps astral permet à l'âme de voyager et d'expérimenter différents niveaux de réalités non physiques, comme les expériences hors du corps.

Le corps causal est considéré comme le siège de l'âme, de la conscience supérieure et de la mémoire des vies passées. Il est lié au plan mental supérieur et est associé à la compréhension, à la sagesse et à l'évolution spirituelle. Ce corps contient les graines karmiques et les leçons apprises au cours des incarnations précédentes, guidant l'âme dans son évolution et sa croissance spirituelle.

Le corps mental est le siège de la pensée, de la raison et de l'intellect. Il traite de la logique, de l'analyse et de la compréhension. Ce corps mental joue un rôle crucial dans la prise de décision, la résolution de problèmes et la compréhension des réalités et vérités spirituelles et philosophiques.

Le corps spirituel est le plus subtil et le plus élevé de tous les corps, souvent décrit comme la véritable essence de l'âme ou de l'esprit. Il est étroitement lié à la conscience universelle, à la lumière divine et à la réalisation de l'unité avec la source de toute création. Le développement et l'alignement du corps spirituel conduisent à l'illumination, à la libération et à l'union avec l'amour universel et la conscience divine.

Quel est leur rôle ?

Les corps de lumière jouent un rôle essentiel dans l'expérience humaine et le développement spirituel. Ils interagissent et coexistent sur différents plans de réalité, facilitant la connexion entre l'âme et le corps physique, et permettent à l'individu de naviguer à travers les différents aspects de l'existence.

Nos corps de lumière intègrent de l'énergie, ils agissent comme des récepteurs, des transmetteurs et des transformateurs d'énergie spirituelle. Ils captent, transmettent et intègrent l'énergie cosmique, l'énergie vitale ou *prana*, nourrissant ainsi l'ensemble de l'être et soutenant la santé physique, émotionnelle, mentale et spirituelle. Ils exercent une protection énergétique et servent de barrière ou de bouclier énergétique, protégeant l'individu contre les influences négatives, les énergies discordantes et les perturbations extérieures. Ils maintiennent l'équilibre énergétique et la cohérence vibratoire, en favorisant un état d'harmonie et de bien-être général. Ils nous permettent de naviguer et d'explorer différents plans de réalité et niveaux de conscience. Ils facilitent les expériences hors du corps, les voyages astraux, les rêves lucides et les explorations spirituelles, offrant ainsi des opportunités d'apprentissage, de découverte et de croissance spirituelle. Ils amènent à une évolution, une transformation et un éveil spirituel, dont ils sont des instruments essentiels. Ils guident l'individu à travers les leçons karmiques, les défis et les opportunités de croissance, favorisant l'intégration des expériences, la purification du karma et l'élévation de la conscience. Ils facilitent la communication spirituelle et la connexion avec les guides spirituels, les anges, les maîtres ascensionnés et d'autres entités spirituelles. Ils servent de canal ou de pont entre l'individu et les dimensions supérieures de l'existence, permettant la réception de guidance, d'inspiration et de sagesse spirituelle. Ils aident à la réalisation de soi en jouant un rôle crucial dans l'éveil spirituel et la prise de conscience de la véritable nature de l'âme. Ils guident l'individu vers la découverte de sa mission de vie, de son potentiel inné et de sa connexion profonde avec l'Univers et le Divin.

Au-delà du temps, vers l'éternité

Les âmes, au-delà du temps et de l'éternité, font référence à une dimension spirituelle et métaphysique qui transcende notre compréhension linéaire du temps et de l'espace. Dans cette perspective, l'âme est vue comme une étincelle divine, une essence immuable et éternelle qui existe au-delà des limitations temporelles et des réalités physiques. L'âme existe avant la naissance, à travers la vie terrestre et au-delà de la mort physique. L'âme est une essence divine qui naît d'un fragment divin mais ne meurt pas. Elle traverse un cycle de naissance, de mort et de renaissance via différentes incarnations et dimensions. Les âmes sont comme des fragments ou des reflets de la conscience cosmique, portant en elles la sagesse, la lumière et l'amour universels. Elles existent dans une réalité multidimensionnelle, capable de voyager et d'expérimenter différents niveaux de conscience et de réalité, transcendant les limites de l'espace et du temps. Elles sont libres de se déplacer à travers les dimensions, les mondes et les réalités, explorant et apprenant grâce à leurs nombreuses incarnations et expériences. Elles sont engagées dans un voyage d'évolution, de croissance et de réalisation spirituelle, et aspirent à l'union, à la connexion et à l'harmonie avec l'ensemble de la création. Elles reconnaissent l'interconnexion et l'unité fondamentale de toute existence. Elles nous invitent à élargir notre perspective, à transcender nos limitations conceptuelles et à nous connecter à la vérité de notre essence spirituelle, nous rappelant notre origine divine, notre potentiel illimité et notre voyage à travers les dimensions de l'amour, de la lumière et de la conscience universelle.

Chapitre 5

VOUS ÊTES EN STAGE… DE VIE !

Lorsque vous avez compris que le destin vous a placé sur mon chemin et, inversement, que vous vous êtes décidé à nous rencontrer (les anges et moi), tenez-vous prêt à entendre les messages médiumniques qui vous sont destinés ! Entendre nécessite d'écouter et... de ne pas parler. Vous allez comprendre...

Chut, écoutez...

Lors d'une consultation médiumnique, je vous demande d'éviter de parler afin que je puisse me connecter à votre être, dans le silence. Je vous demande seulement votre prénom et votre date de naissance. Ces données sont comme un code génétique qui me donne accès à certaines informations vous concernant. Je capte également votre énergie. Toutes les personnes nées le même jour que vous n'ont pas forcément la même destinée que vous. Parfois, les informations arrivent tellement vite que je ne vous demande aucune précision et je vous transmets les messages tels qu'ils arrivent.

Mentalement, je sollicite les anges et les guides, je les invite à me communiquer des informations sur votre situation. Ils commencent par effectuer un scanner énergétique. Ce scan est une exploration de votre être, tant au niveau de votre comportement humain qu'au niveau de vos blocages émotionnels, terrestres et spirituels. Votre façon d'emprunter votre chemin de vie, de vous impliquer dans votre vie, est extrêmement importante pour vous. Vous devez être acteur de votre vie, sans être bloqué par les émotions cristallisées dans votre corps. Prenez vraiment conscience que tout importe dans votre incarnation : vos émotions, vos croyances comme vos habitudes...

La vie ressemble à un apprentissage

Je dis souvent que la vie est un mélange de plusieurs stages à effectuer. Chaque session de stage a son importance. Vous passerez au niveau supérieur si vous réussissez à intégrer les événements rencontrés sur ce palier. Vous descendrez d'un niveau si vous échouez. Il faudra repasser « l'examen » pour valider votre compréhension de l'existence. Le but est de comprendre pourquoi certaines choses arrivent et d'autres non. La finalité est de transformer l'essai en acte positif afin d'être aligné sur votre absolu, la forme la plus pure de votre être spirituel, de votre âme. Celle qui vibre l'amour dénué d'intérêt, non contrôlé par l'ego. Nous sommes souvent bloqués par l'image que nous avons de nous-mêmes vis-à-vis des autres, en tant qu'individu séparé du monde. Notre ego se méprend souvent, c'est un masque que nous portons afin de pas être atteints par les autres dans notre estime de nous-mêmes. On veut montrer, par notre ego, que l'on possède la vérité absolue, que l'on a de la valeur aux yeux des autres, même si cela engendre un comportement dissonant de notre moi profond, de notre âme, qui semble ne pas correspondre au monde dans lequel on vit.

En attendant de passer au niveau supérieur

Vous pourriez me dire : « Pourquoi devoir valider ou non des stages de vie ? Je me sens très bien dans ma vie actuelle ! » Vous êtes peut-être dans le déni. Vous pensez être bien dans votre vie, cependant, vous pourriez être confronté aux mêmes schémas indéfiniment et reproduire les mêmes erreurs si vous ne guérissez pas de vos blessures émotionnelles. Vous devrez probablement vous réincarner une nouvelle fois sur terre. Cette énième incarnation complétera vos expériences des vies passées. Vous pourrez même parfois alourdir votre karma (la totalité des actions passées dans des vies antérieures que l'on doit dénouer), soit de votre propre vie, soit de votre famille d'âmes, les âmes auxquelles vous êtes relié pour dénouer certaines problématiques émotionnelles. Vous pouvez vous incarner en groupe de plusieurs âmes, de façon solidaire, pour résoudre de lourdes incarnations antérieures. Il suffira que l'une d'entre elles relève le défi, brise le schéma répétitif qui freine votre vie, vos destinées communes, pour dénouer tout le problème karmique. Cela s'appelle une « dette karmique » : vous devez quelque chose à quelqu'un, dans le sens où il reste encore un débit sur votre ardoise karmique. Vous n'avez pas encore validé un stage, et tant que ce dernier n'est pas compris vous ne pouvez pas passer au suivant. Tout le reste de votre vie est bloqué. Cela pourrait être aussi d'un point de vue transgénérationnel : vous répétez les mêmes problématiques sur plusieurs générations familiales et à tout âge. Par exemple, la répétition incessante de la perte d'argent. Dans votre famille, vous y compris, personne n'arrive à économiser et dépense plus que nécessaire ; vous êtes, de mère en fille ou de père en fils,

tous endettés. Si vous comprenez le pourquoi du comment et si vous vous libérez de ce schéma, vous serez tous libérés, vous et les générations futures. Vous passerez tous au niveau supérieur, le niveau de l'amour. Il existe une multitude de niveaux dans l'amour absolu, c'est à vous de grandir, d'atteindre le plus haut. Celui relié à la source suprême, Dieu. Parfois, il est nécessaire de cumuler des incarnations avec plusieurs âmes, incarnées en même temps, afin de dénouer certaines problématiques.
Une fois le scanner réalisé, je vous transmets les messages reçus. Même si ces derniers ne semblent pas vous correspondre à ce moment-là, accueillez-les, notez-les et prenez le temps de les conscientiser plus tard. Il se pourrait qu'ils aient une importance capitale, des mois voire des années après. Les anges vont ensuite pointer vos problématiques actuelles : mariage, divorce, adultère, deuil, héritage, procès, naissance, déménagement, licenciement voulu ou forcé, changement de profession, formation... Ce sont des flux d'informations que je dois saisir et vous retranscrire tels quels, sans ordre déterminé.
Mais ne vous focalisez pas sur le fait qu'une consultation ne se déroule pas forcément de cette façon. Tout le monde n'aura pas les mêmes messages, et je n'aurai pas les mêmes types de ressentis face à chacun d'entre vous. Alors, lâchez prise pour vous ouvrir aux messages délivrés sur votre stage de vie, et le sens de votre parcours.

Laissez vos attentes au vestiaire et acceptez ce qui se présente à vous !

Lors de la consultation, si un défunt se présente, je vous l'indiquerai. S'il ne se présente pas spontanément alors que vous l'avez demandé, il m'arrive de me concentrer un moment et d'essayer d'entrer en contact avec ce dernier. Si le monde invisible a prévu que je vous transmette les messages des âmes, alors le contact avec un défunt sera possible. Si en revanche cela pouvait impacter négativement votre chemin de vie, il est probable qu'aucune communication ne s'établisse. Ce sont les anges et les guides de l'autre côté du voile qui le décident, pas moi.

Il faut comprendre que lorsque vous attendez trop d'une connexion avec un défunt, que vous dépendez de leurs messages afin de vous rassurer, ils ne seront probablement pas présents. La plupart du temps, le lien ne sera pas établi. Vous vous arrêtez de vivre en attendant ce contact, et cela crée un blocage. Il en est de même lorsque vous ne parvenez pas à vous extraire d'un état de tristesse ou d'angoisse, ou que vous restez sous l'emprise de médicaments. La dépression, le déni, toutes les émotions sombres et difficiles représentent souvent des blocages dans les contacts avec les défunts. Il vaut mieux tenter d'être serein et mentalement réceptif, pour ouvrir le canal de l'au-delà et recevoir ses communications spécifiques.

Vous me donnerez parfois de multiples raisons pour me persuader qu'un contact avec un défunt est nécessaire. Par exemple : cette personne a perdu son jeune enfant âgé de 5 ans ; sa femme était tout pour lui, elle ne méritait pas de mourir dans cet accident ; ce père a été assassiné… Comment se fait-il qu'il n'y ait pas de contact défunt ou de messages pour ces personnes totalement désemparées ? Simplement parce que nous ne pouvons pas dépendre de la communication avec nos défunts ni de leur contact. Nous sommes incarnés sur terre pour vivre des expériences, des stages de vie. Pour vivre ! Créer des moments de joie ou ressentir des peines, comprendre pourquoi ces situations ont un impact sur notre vie puis transformer ces situations en effets positifs. Rester bloqué face à un sentiment de fatalité ne vous fera pas avancer. Ce n'est pas dans l'attente d'un contact avec un défunt qu'il y aura un changement. Vous devez être acteur de votre vie. Certaines personnes ont vécu de gros traumatismes mais se sont donné la peine d'avancer, coûte que coûte, quand d'autres se sont arrêtées de vivre. Lorsque vous attendez que quelque chose se passe, c'est comme si les barrières d'un passage à niveau étaient baissées sur le grand chemin de fer de votre vie. Plus vous restez sans bouger dans cette position, plus vous restez figé durablement... dans une vie sans sens. Ne souhaiteriez-vous pas actionner la sonnette d'alarme, vous arrêter quelques minutes, regardez ce qui cloche, prendre la décision de réparer ce qui ne va pas et remettre la machine en route, sereinement, pour continuer le grand voyage ?

Chaque étape de la vie, bonne ou mauvaise, mérite d'être vécue

Pour les anges, les guides et nos proches disparus, il est essentiel de continuer à expérimenter la vie sur terre malgré tous les déboires ou embûches encourus, en comprenant que chaque étape est un stage qui nécessite parfois de s'arrêter, pour en comprendre les événements. De l'autre côté du voile, cela n'aura laissé qu'une légère empreinte lors de notre passage sur terre. Car tout est déjà presque écrit. Pourquoi presque ? Il existe une multitude de lignes temporelles. Il y a également une multitude de choix qui vont se présenter à vous et vous choisirez de guérir afin de vous élever ou non.

Faire des choix en conscience pour avancer

Lorsque je vous aurai transmis les messages importants pour vous à ce moment-là de votre vie, vous pourrez alors me poser vos questions. Est-ce que vous pouvez tout me demander ? Oui et non. Une séance médiumnique est liée au sacré. Il ne faut pas prendre à la légère ces connexions extraordinaires. Je ne vous donnerai pas par exemple la date de décès d'une personne. Croyez-moi, on me l'a déjà demandée plusieurs fois... Ne me demandez pas non plus les numéros du Loto, je ne les ai pas ! Ces demandes sont souvent liées à l'ego. Ah ! si vous pouviez gagner à la loterie, vous auriez tout ce que vous voulez... Ce qui est vrai pour le niveau matériel ne l'est pas pour le reste. L'amour ne s'achète pas. La santé ne s'achète pas. Une autre vie ne s'achète pas. Vous serez toujours la même personne, en votre âme et conscience. Ce serait comme vous fourvoyer dans un mauvais stage, en quelque sorte, où vous pourriez devenir plus avides de pouvoir et d'accumulation de biens matériels. Et si vous ne gagnez pas le gros lot, c'est que cela est également prévu dans votre destinée. Inutile de forcer le destin. Si vous devez remporter le ticket gagnant, vous l'aurez ! Mais est-ce vraiment utile ? Ne préférez-vous pas un monde

rempli d'amour et de bienveillance plutôt qu'un monde où tout le monde se bat pour avoir la plus belle voiture, le plus haut des gratte-ciel, la meilleure invention technologique ? pour être le plus puissant et soumettre les autres à votre cause ?
Quoi qu'il en soit, chaque événement de votre vie est un stage qu'il faut réussir. Réussir, c'est écouter, comprendre et agir. Nous sommes constamment testés pour connaître nos valeurs profondes, savoir quels choix nous allons faire en conscience, avec notre cœur ou non.
Creusez, cherchez dans votre être au plus profond de vous. Qui êtes-vous vraiment ? Pourquoi avez-vous si peur de guérir ? Pourquoi avez-vous peur d'aimer et d'être aimé ? La vérité n'est pas ailleurs... Elle est présente, en vous, dans votre cœur. Écoutez. Prenez le temps de comprendre les messages, de vous reconnecter à vous-même. Prenez le temps de vous connaître. Les anges, les guides, vos proches défunts n'attendent qu'une seule chose : que vous viviez sereinement, dans l'amour de vous-même et des autres. Je peux vous aider à comprendre les messages, mais c'est à vous de valider votre stage de vie...

Un cadeau de l'au-delà

En vingt ans d'exercice de médiumnité, j'ai vécu de très nombreuses et très belles expériences. Certaines ont été inoubliables grâce à des défunts connectés dans le but d'offrir un cadeau de l'au-delà à leur famille, tout en étant de l'autre côté du voile...

Témoignage de Laurence

Sa fille défunte aide sa famille dans le besoin

En octobre 2022, une consultante, Laurence, doit se présenter à mon cabinet pour une séance d'une heure.

Lorsque j'ouvre la porte, je vois quatre personnes sur le palier. Trois adolescents encore dans l'ascenseur, ouvert, et une personne à l'extérieur, que je suppose être la maman de ces trois adolescents.

— Bonjour, vous allez bien ? J'ai noté un rendez-vous avec une seule personne, qui se prénomme Laurence. Est-ce vous la dénommée Laurence ?

— Bonjour. Oui, c'est bien moi. Et je vous présente mes enfants.

— Je dois vous informer que pour les séances à plusieurs, je préfère que vous le notifiiez à mon assistante en amont de votre rendez-vous. Je préconise une seule personne par séance pour des raisons de confidentialité.

— Je suis désolée. Je ne savais pas. Nous sommes une seule famille.

— Allez-y, installez-vous. Vous êtes quatre. Il y a deux chaises et un fauteuil, vous vous arrangerez entre vous.

— Comment ça, quatre ? Nous sommes trois… »

— Et la jeune fille dans l'ascenseur ? Elle ne va pas y rester tout de même ?

— Quelle jeune fille ?

— La jeune fille brune, la petite ! Elle n'est pas grande, désolé de la mentionner ainsi, elle a de longs cheveux bruns…

— Ah ! non. Nous sommes trois : mes deux enfants et moi-même…

Je laisse entrer ces trois personnes sans trop vraiment comprendre pourquoi je vois une quatrième personne. Je distingue toujours dans l'ascenseur une jeune femme avec de longs cheveux bruns... Tout en refermant la porte, je leur dis :

— Mais, la jeune fille va rester dans l'ascenseur ?

Aucun mot. Ils prennent place chacun sur un siège.

Je m'installe à mon bureau. En face de moi se tiennent donc Laurence, sa fille Emy et son fils Luka. Je reste intrigué par le fait que cette jeune fille brune ne soit pas entrée avec nous dans le cabinet de consultation... Mais je suis tellement connecté à l'autre monde que je ne me rends plus toujours compte de ce que peut être la réalité...

Je sens ensuite qu'une grande force énergétique veut entrer en contact avec moi.

— J'ai la lettre C...

Je dessine avec mon index droit la lettre sur mon bureau.

— C... ? Cha... ? Charline... ? Je ne sais pas ? J'entends ça... J'ai une jeune fille qui se présente à moi, elle dit que c'est pour vous... J'ai mal ! J'ai mal aux intestins ! Je suis partie à cause de mes intestins mais ce n'est pas la première maladie que j'ai eue. J'ai mal au sein gauche et puis la maladie descend dans les intestins.

Tout en décrivant mes ressentis, je montre les zones de mon corps pour exprimer et localiser les douleurs perçues. Aucun son ne sort de la bouche des consultants. J'ai les yeux fermés et je suis envahi par les multiples sensations.

— C'est tout autour des intestins ! Ça m'emporte ! C'est de ça dont je suis décédée !

Puis, je sens une libération. Les défunts expriment souvent la façon dont ils ont quitté la Terre pour valider leur présence et ainsi favoriser leur reconnaissance par leur famille.

— C'est ma fille ! C'est Charline ! Elle a eu un cancer du sein, des métastases au niveau des intestins et un cancer du péritoine... C'est bien ma fille !

— Mon Dieu ! Elle vous dit : « Je suis bien. Je suis en vie. Je suis heureuse que vous soyez venus ! » Elle me montre des objets que vous fabriquez. Je ne sais pas exactement ce que c'est. Cela ressemble à des sacs, des cabas. Vous les façonnez de vos mains. Je vois un stand dans des halles. Comme lorsqu'on achète des légumes sur des étalages. Elle dit que vous devez arrêter de vous dévaloriser. Vous êtes trop gentille. Vous faites trop de remises ! Vous donnez parfois vos confections. Il faut cesser d'agir ainsi ! Vendez-vous des sacs ou des affaires similaires ?

— Oui, je fabrique des sacs. Je les vendais sur des stands. Je ne le fais plus. C'est vrai que je suis trop gentille... Que voulez-vous ? On ne se refait pas !

— Enfin, de là à offrir vos créations ! Cela prend du temps et vos productions ont un coût...

J'entends applaudir. Elle affirme : « Bravo pour le permis de conduire ! » Elle me montre des bougies également.

— Est-ce pour vous (en regardant Emy à ma droite) ? Ou pour vous (en toisant Luka assis derrière sa maman) ?

— J'ai eu mon permis de conduire en avril, dit Emy, elle était déjà décédée puisqu'elle a nous a quittés il y a un an, en octobre 2021. C'est son anniversaire de décès aujourd'hui.

Charline et les anges continuent à me transmettre des informations.

— Luka fait un déni… Il est en lutte avec lui-même. Charline vous dit de vous accepter tel que vous êtes. Peu importe ce que les gens pensent ou disent ! Réfléchissez à ce mot : « déni ». Avez-vous réussi quelque chose dans le domaine artistique, avez-vous obtenu un diplôme dans l'art ? Je distingue la peinture. On me montre des vêtements. Il m'apparaît par flashs le modelage sur le corps… Ce n'est pas une peinture… Est-ce votre futur métier ? Passez-vous un concours en ce moment ? Je ressens le fait de jeter des papiers en l'air. On m'explique qu'il faut arrêter la paperasse administrative. Que faites-vous ? Des démarches administratives ? On me montre votre énergie : elle peut être très haute et baisser tout à coup. Vous ne vous exprimez pas assez. Vous n'affirmez pas votre état émotionnel. Dans un futur proche, cela pourrait perturber énormément votre énergie. Il va falloir réagir vite et réfléchir à tout ce que je vous ai dit via votre sœur et les anges. Luka, vous êtes constamment méfiant. Les gens pensent que vous êtes hautain alors qu'en réalité vous ne l'êtes pas du tout !

Laurence se met à rire. Luka soupire.

— Il faut vous libérer un peu, Luka… Dans le milieu artistique, il vaut mieux être sûr de soi. Autrement vous vous faites manger par les autres.

Charline insiste sur le comportement de Luka. Elle souhaite qu'il s'exprime davantage. Qu'il ne taise plus ses émotions. Elle veut le protéger. Je reformule donc ce que j'entends de sa part : « Je souhaite vivement que mon frère change de comportement. »

— C'est pour toi, mon chat, affirme Laurence en riant. Ta sœur voudrait te parler, s'il te plaît.

Emy sourit à son tour.

— Je suis désolé mais... Je ne sais pas comment vous agissez dans votre vie de tous les jours, Luka. Si cela émet un écho en vous. Il faut que vous changiez de comportement. Vous êtes une belle âme. Vous bloquez littéralement votre énergie. Vous ressentez les personnes mais le monde vous agresse. Soyez simplement dans la bienveillance. Exprimez vos émotions. Libérez-vous !

Luka se met à rire. Il se demande probablement ce que j'ai envers lui.

— Votre sœur souhaite que vous changiez de comportement vis-à-vis de vous-même, que vous puissiez vous épanouir. Charline connaît votre absolu d'âme, l'entièreté de votre être. Elle affirme qu'elle voit votre âme. Elle ne souhaite pas que vous suiviez le mauvais chemin.

Luka semble dubitatif. Il doit se demander ce qu'il fait ici et si je ne suis pas un charlatan...

— Luka, il va falloir que tu changes, lui dit sa mère. Ta sœur n'aime pas te voir comme ça, ce n'est pas bon pour toi-même...

— Elle me dit que tu dessines. Elle me montre des croquis. Tu fais de l'art, c'est ça ?

— Oui. Je suis en faculté d'arts...

Je prends conscience que ce jeune homme est en train de vivre une expérience hors du commun. Pendant ce temps, je garde la connexion avec Charline, sa sœur décédée. Elle continue à me transmettre des messages :

— Emy, vous allez travailler avec les enfants, n'est-ce pas ? Car elle vous félicite pour votre nouveau travail avec les enfants !

— Oui, je finis juste ma formation, me répond-elle. En avril, je travaillerai auprès des enfants…

Emy est ébahie ! Confuse, entre la joie et les pleurs. Elle semble conquise par le fait que sa sœur puisse communiquer avec elle, de façon si précise.

— Je sens une odeur forte de fumée de cigarette ! Mon Dieu comme ça sent fort ! Charline fumait-elle ?

— Oh ! oui, beaucoup !

— Elle me dit : « Maman arrête de fumer ! Ne fais pas comme moi ! »

— Oh ! c'est vrai, je fume énormément… Je devrais arrêter mais avec le départ de Charline, c'est pire…

— Si vous pouviez arrêter, ce serait mieux pour vous. Même si je comprends que cela puisse être difficile, il faut faire attention à votre santé. Votre fille vous alerte à ce sujet !

— Oui, bien sûr !

Tout à coup, me voilà submergé par une énergie intense d'amour qui m'enveloppe. C'est doux, fort et calme à la fois. Je me sens tellement porté par cet amour que les larmes se mettent à couler sur mon visage. Des larmes d'amour, non de tristesse.

— J'ai quelque chose à vous dire…

— Quelque chose ne va pas ? me demande Laurence.

Je m'exprime en pleurant :

— Non, tout va très bien… Au contraire ! Charline a une surprise pour vous !

— Ah bon ? Quelle surprise ?

Je baigne littéralement à ce moment-là dans l'amour infini. Un sentiment de bonté, d'amour et de joie remplit tout mon être. Les larmes continuent à ruisseler sur mes joues.

— Elle me dit que vous avez pris le train depuis la région Sud-Ouest...

— Oui, nous sommes arrivés de Bordeaux en train.

— Vous avez économisé pour venir me voir. Vous n'avez pas d'argent...

— Oui, c'est très compliqué financièrement pour notre famille, mais c'était très important pour moi d'avoir ce rendez-vous aujourd'hui pour espérer entrer en contact avec ma fille...

— Elle me demande si je peux vous offrir la séance...

— Oh ! non, Nicolas-David, je sais que votre travail est important, cela vous demande beaucoup d'énergie. J'ai économisé et je tiens vraiment à vous régler !

— Je lui ai dit que j'acceptais de vous faire ce cadeau... Je sais que c'est dur pour vous en ce moment. Cela me fait également très plaisir de vous offrir la séance !

— Oh, ce n'est pas vrai !

Nous sommes tous envahis par des pleurs de joie, de tristesse, d'amour, de reconnaissance... Un méli-mélo d'émotions nous submerge !

— Un grand merci, Nicolas-David !

— Ce n'est pas moi qu'il faut remercier. C'est votre fille ! Même de l'au-delà, ils offrent des cadeaux ! Ils sont incroyables ! C'est la première fois que cela se passe de cette façon !

— Merci ma Charline ! Merci à vous, Nicolas-David ! Je sais que ça vous demande beaucoup d'effort ce que vous faites. Merci pour tout ce que vous nous donnez !

— Charline souhaite que vous vous fassiez plaisir avec cet argent. Si vous devez payer des factures en retard, payez-les. Faites comme vous le pouvez. Charline souhaite vraiment que vous preniez du bon temps. Vous ne le faites jamais…

— Je ne sais vraiment pas quoi dire ! C'est exceptionnel !

— Ah ! oui, exceptionnel, et tellement beau en même temps !

— Merci pour tout.

Avancez plus sereinement dans votre vie !

Ils étaient arrivés à quatre, accompagnés par l'âme de Charline qui les avait menés jusqu'à moi. Ils repartaient tous les trois le baume au cœur, et l'âme de Charline retournait dans l'au-delà. Quant à moi, j'avais réalisé ma mission : leur transmettre les messages de leur proche dans l'autre monde, le fait que leur fille était toujours présente par son âme, et les aidait à avancer dans leur vie. J'étais tout aussi ému qu'ils l'étaient. La demande de Charline m'a touché. Sa démarche était emplie d'amour et faisait perdurer ce lien entre eux : continuer à aimer et à être aimé, au-delà de la mort physique. Cette épreuve, aussi dure soit-elle, est une étape durant notre vie pour comprendre que nous sommes éternels et que l'amour persiste au-delà de la réalité terrestre. Toutes les séances ne se passent pas ainsi. Cela dépend du défunt, de vous, de moi, de ce que vous devez entendre ou non. Une chose est sûre, c'est que lorsque nos chers défunts ont un message à faire passer, ils prennent maintes dispositions pour le faire !

Chapitre 6

LA COMMUNICATION AVEC LES ANGES SUR LES RÉSEAUX SOCIAUX

Mes capacités de médiumnité sont pour moi un véritable cadeau de l'au-delà, c'est pour ça qu'il m'est apparu évident avec le temps de les partager avec vous. Pour cette raison, au-delà des consultations privées à mon cabinet, je suis maintenant très actif sur les réseaux sociaux. Une façon d'être « dans l'air du temps », non pour être à la mode, mais pour utiliser un canal de communication qui touche une grande majorité d'entre vous. C'est avec un immense plaisir, et sans aucune vocation lucrative, que je livre désormais les messages des défunts sur les réseaux sociaux lors de sessions en direct, ou en live, de façon totalement spontanée. L'énergie n'ayant aucune limite, je suis capable de vous transmettre les communications de l'au-delà, peu importe le lieu où nous nous trouvons. Ces live sont l'occasion de se rassembler nombreux – nous sommes souvent plus d'un millier – autour d'un thème, avec ensuite une séquence de questions-réponses, et bien évidemment de transmettre les messages de vos défunts. Ces derniers captent les énergies que nous partageons et n'hésitent pas à m'utiliser comme canal de transmission de leurs propos dans ces moments-là.

La puissance des réseaux sociaux

Les réseaux sociaux représentent le moyen idéal de nous relier au monde entier à travers la simple caméra de notre téléphone portable. Nul besoin d'acheter du matériel de professionnel ou de participer à une émission de télévision. Il suffit d'un téléphone connecté à Internet, d'un compte sur un réseau social connu, pour être en direct devant des centaines, voire des milliers de personnes. Le tout sans bouger de chez soi !

Et lorsque vous avez, comme moi, certaines capacités hors du commun, que vous promulguez la bienveillance, vous devenez très vite viral. Le bouche-à-oreille est exponentiel via les réseaux sociaux.

J'y vois là, non pas l'opportunité d'une reconnaissance ou d'une quête de célébrité, mais la chance d'un immense partage. Et puis, quel soulagement de pouvoir véhiculer les discours des défunts par les réseaux ! Sachez que les défunts me laissent très peu dormir et me réveillent en pleine nuit pour me transmettre leurs messages et délivrer leur courrier ! Je suis tel le facteur du monde de l'invisible qui travaille vingt-quatre heures sur vingt-quatre.

J'ai constaté que plus il y a de personnes qui me suivent sur les réseaux sociaux, plus j'ai de chance d'être contacté par les défunts en dehors de mes séances privées. Je suis parfois obligé de me mettre en relation avec certaines personnes sur les réseaux sociaux pour distribuer le courrier qui leur est envoyé par l'au-delà.

L'intensité du flux d'informations que je reçois est telle qu'il m'est impossible de garder ces messages pour moi et de ne pas les diffuser.

Les contacts en direct

Mais comment fonctionnent mes captations lors de directs sur les réseaux sociaux ? Je m'adresse au public connecté de façon classique. Nous commençons, en général, par un moment de partage et d'échanges sur les sujets de la spiritualité, de la médiumnité et du paranormal. En aucun cas je ne réagis aux demandes de contact avec les défunts lancées par l'auditoire. Comme lors de consultations, ce sont en effet les défunts qui se présentent et choisissent de communiquer avec leurs proches vivants. Et force est de constater que, lors des directs, une multitude de présences viennent à ma rencontre. Elles savent pertinemment que je suis disponible pour leur servir de relais. Il m'est impossible de résister devant leur insistance, je me dois d'être ouvert. Si vous n'avez pas eu l'occasion de me voir en direct, cela en vaut le détour ! Et je préfère être franc avec vous, je suis moi-même épaté de pouvoir réaliser cet exploit, tout en gardant beaucoup d'humilité car je ne sais jamais à l'avance ce que vont me dire les anges.

Face à mon auditoire, instinctivement, mon regard balaie l'espace de droite à gauche... Cela signifie qu'une entité souhaite entrer en contact avec moi. C'est finalement assez peu différent de mes captations en consultation privée, sauf que cela me demande un peu plus de concentration. À partir de ce moment-là, je ne regarde plus l'écran. Lors de ces directs, j'attends que les défunts se présentent, je ne peux pas les appeler. Il est fréquent, et je peux le comprendre, qu'un certain nombre d'entre vous me sollicitent en commentaires lors de ces directs pour créer un contact et avoir un message qui leur soit personnellement délivré. « Je voudrais parler à mon père Didier, décédé il y a deux mois, il me manque », « Ma maman nous a quittés hier, je suis dévastée, avez-vous un message pour moi SVP ? », « Est-ce que ma sœur défunte, Françoise, est avec vous, par hasard ? », « Ma tante Aline est décédée d'un cancer en 2019, a-t-elle un message pour notre famille ? », etc. Je perçois parfois le désespoir de certaines personnes derrière leur écran, tant elles sont désireuses de recevoir ne serait-ce qu'un bref message, pour survivre à leur deuil. Cela leur ferait tellement plaisir d'entendre seulement quelques mots : « Oui, il est là, il vous aime, il vous regarde », ou encore : « Elle vous dit de vous protéger et d'arrêter de faire les mêmes erreurs », ou encore : « Aline va bien, elle dit être délivrée et vous envoie plein d'amour ». Mais je reste toujours honnête. Il serait en effet très facile de donner spontanément quelques réponses toutes faites et rassurantes à toutes ces personnes, pour leur faire plaisir, ou faire un peu de buzz. Mais ma mission est fondamentalement honnête. Je ne fais jamais de transmission pour faire plaisir à quelqu'un en lui faisant croire que son proche décédé lui envoie un message. Communiquer avec l'au-delà est une chance, une opportunité temporelle. Cela me demande énormément d'énergie vitale et spirituelle d'être connecté à l'autre monde. Nous, les vrais médiums, ne sommes pas des machines dotées de réponses automatiques à distribuer à tout-va. Ne soyez pas dupe et gardez toujours votre esprit critique !

Attention aux abus des pseudo-médiums !

Je passe pas mal de temps sur les réseaux sociaux à analyser la façon dont certains présentent la médiumnité. En

scrollant sur mon écran pour passer d'une vidéo à une autre, je tombe souvent sur des directs de personnes qui se déclarent « médium », « médium spirit » ou « médium contacts défunts ». Force est de constater que la plupart du temps, ce que je perçois est déconcertant, sur le fond et la forme. Il est évident qu'en utilisant un effet de mode, et une situation mondiale actuelle anxiogène, certaines personnes abusent de leur influence sur les réseaux sociaux pour profiter de certains d'entre vous. Il n'est pas rare d'observer des pseudo-médiums demander aux spectateurs de leur envoyer des cadeaux ou des dons en ligne via PayPal en guise de rémunération pour le service rendu. Mais de quels services parle-t-on ? De quels droits ces personnes profitent-elles des autres et se font passer pour des médiums expérimentés afin d'arrondir leur fin de mois ?
La médiumnité et la voyance ne sont pourtant pas une plaisanterie. Chaque communication énergétique est un portail vers une autre dimension qui nous connecte à une nouvelle énergie, soit négative soit positive. De l'autre côté du voile, tout n'est pas féerique sur fond de « tout le monde est beau et gentil ». Il existe forcément le bien et, a contrario, le mal. Chaque intention de connexion vers ces autres dimensions doit être formulée avec respect, bienveillance et sous protection. Mais aussi avec contrôle. Souvent, les amateurs et/ou personnes inexpérimentées seront connectés au bas astral, à une énergie négative terrifiante sans même s'en rendre compte et ils en subiront les conséquences. En résumé, méfiez-vous, protégez-vous et agissez avec bienveillance. Ne faites pas les choses à l'aveugle. La voyance et la médiumnité ne sont pas un jeu ! Il ne faut pas prendre ces pratiques à la légère. Gardez donc l'esprit critique face aux

pseudo-médiums qui prolifèrent sur les réseaux sociaux. Ils représentent une réelle possibilité d'arnaque, lorsque leurs seuls intérêts sont en jeu. Certains autres peuvent être un danger spirituel, même avec des capacités médiumniques avérées, s'ils sont encore inexpérimentés.

Développez votre discernement

Vous êtes pourtant nombreux à vous faire piéger. Je ne vous blâme pas, et j'essaye d'en comprendre les raisons. Les anges m'expliquent que les personnes qui se dirigent vers des pseudo-médiums et pseudo-voyants expérimentent ainsi la vie. Par des biais malheureux et des infortunes, ces personnes comprennent qu'elles doivent cesser de remettre leur destinée entre les mains de manipulateurs. Elles apprennent à se responsabiliser, à se valoriser, à écouter leur intuition afin de discerner le vrai du faux. Tout ce que vous vivez est une expérimentation à devenir plus conscient de vos problématiques émotionnelles. Encore une fois, ne soyez pas dupes ! Sur les réseaux, je ne réponds jamais de façon systématique aux commentaires postés à la va-vite, simplement pour rassurer votre ego ou vous sauver de votre désarroi. Même lors d'épisodes complexes de votre vie, dans des situations que vous pensez désespérées, vous ne devez jamais vous laisser aller et vouloir, coûte que coûte, être rassuré par un message. Si vous êtes honnête avec vous-même, vous savez profondément que vous agissez de façon impulsive, simplement pour rassurer votre enfant intérieur. Ne restez pas figé sur la dépendance à un contact défunt pour avancer dans votre vie ou à un message venant d'une personne extérieure à votre vie pour vous rassurer.

Si un soi-disant « médium » vous transmet le message d'un proche défunt, expliquant simplement qu'il tient à vous, qu'il vous regarde de là-haut et qu'il vous aime, méfiez-vous, car ce genre de message ne contient pas d'information précise. Bien sûr, vous vous sentirez rassuré sur le moment. Vous culpabiliserez moins de ne pas avoir pu lui dire au revoir… Mais la connexion sera fausse ! Excusez-moi d'être direct avec vous. Un vrai médium prendra le temps de se mettre à la disposition du monde invisible pour vous transmettre des messages précis qui vous permettront de faire un lien direct avec votre proche disparu.

Ne vous laissez pas embarquer par des réponses express qui sont loin d'être justes ! Une connexion avec l'autre monde demande beaucoup d'énergie. Si un médium avait réellement cette capacité de capter à la seconde n'importe quel défunt vingt-quatre heures sur vingt-quatre, nous n'aurions plus aucun libre arbitre : nous dépendrions de ces facultés magiques. Alors je vous en prie, posez-vous les bonnes questions avant de consulter ou de suivre un médium sur les réseaux sociaux.

Ne soyez pas non plus trop exigeant lors de la transmission des messages. Lorsqu'un médium capte une énergie, ou certaines informations, il ne va pas forcément vous dire ce que vous souhaitez entendre ou la phrase exacte que vous a énoncée votre père avant son dernier souffle, par exemple. Il est juste important que les messages soient vérifiables pour les considérer comme fiables.

Ne demandez pas non plus aux médiums de se comporter de façon spectaculaire, comme dans les séries télé. Il y a un monde entre les deux… Même si nous, les médiums, avons des capacités extraordinaires, elles n'en sont pas moins restreintes et ne peuvent être comparées aux films de science-fiction. Au cinéma, on a la liberté d'exprimer une vision avec une touche de surnaturel, voire de sensationnel. Il ne faut pas que vous soyez dupe ni trop en demande. L'important est de rester sensé et ouvert à la réception de messages, sans en dépendre ni être trop naïf. Dans la vie il faut un juste milieu en tout, il en est de même lors de vos demandes à des médiums. Plus vous serez à même de recevoir les messages du monde de l'invisible sans croire tout ce que l'on vous dit uniquement pour vous rassurer, plus vous aurez des messages précis et vivrez des synchronicités dans votre vie. Soyez confiant en cette autre dimension qui vous le rendra au centuple.

Des connexions inattendues au hasard des live

Lors des directs sur les réseaux sociaux, je note mes perceptions sur mon cahier. Je capte souvent des prénoms, des lieux, des situations liées aux défunts. Mais aussi la façon dont ils ont quitté notre monde, et la raison de leur venue en direct, afin de transmettre un message à leurs proches vivants.

Des bourdonnements d'abeilles venus de l'au-delà

Il m'est arrivé récemment, en janvier 2023, lors d'un live sur les différents réseaux sociaux, d'être perturbé par des abeilles ! Non pas un essaim d'abeilles vivantes, mais le bourdonnement d'abeilles venues de l'au-delà ! Elles n'étaient pas physiquement présentes dans la pièce avec moi mais j'entendais cet essaim grouiller autour de moi. Lors de ce direct, je m'entretenais avec mon auditoire à travers mon téléphone en leur donnant des réponses au sujet de la médiumnité lorsque, soudain, je sentis des abeilles autour de moi. Un homme en tenue blanche, tel un apiculteur, se manifesta dans mes perceptions, sur ma gauche. Le prénom Albert me vint à l'esprit. J'entendis dans ma tête le mot « agriculteur » ou « maraîcher », et le mot « cousin ». J'essayais de retrouver, en répétant ce que j'avais perçu, la personne à qui était destiné le message parmi les mille quatre cents personnes connectées ce soir-là. Il s'agissait d'informations spécifiques et précises qui devaient donc correspondre à quelqu'un en particulier. La personne concernée se manifesta rapidement en commentaires. Je commençais alors un échange en direct avec elle en partageant notre écran pour apparaître tous les deux en vidéo devant tous les internautes connectés. L'intimité n'est plus de mise à ce moment-là ! Une partie de votre vie personnelle est partagée avec de nombreux autres abonnés.

Témoignage de Catherine

Son cousin défunt apiculteur lui parle en direct

Voici l'histoire de Catherine, l'internaute concernée par la manifestation des abeilles liée à un défunt.

— Bonsoir Catherine. Voici mes perceptions : un monsieur se présente à moi en tenue d'apiculteur. J'entends les abeilles dans mes oreilles. Je perçois les mots : agriculteur, cousin, maraîcher. J'entends également le prénom Albert.

— C'était sa passion, l'apiculture. Il élevait des abeilles et réalisait son miel. Il vendait ses produits sur les marchés...

— Qui est donc Albert ? Et le cousin ?

— Mon cousin était apiculteur. Et c'est son papa qui s'appelle Albert.

— D'accord ! Son papa est-il vivant ?

— Oui, il est toujours vivant !

— Il faudra faire passer à son papa le message qu'il est bien dans la lumière. Il est amusant, ce cousin. Franchement, son énergie est agréable. Pour m'interpeller spirituellement avec le bourdonnement des abeilles... Je n'ai jamais vécu cela lors d'un live ! Jamais !

— C'est vrai ! C'est complètement fou !

— Me suivez-vous sur les réseaux sociaux depuis un long moment ?

— Non, il y a peu de temps ! Je prêtais une oreille au live, et lorsque j'ai entendu « apiculteur », puis le prénom Albert, cela m'a un peu intriguée... En fait, ce message est plus destiné à ma cousine, la nièce d'Albert. Elle a beaucoup de mal à se remettre du décès de mon cousin. Cela peut paraître stupide mais à cause de son décès, nous nous sommes rapprochées, ma cousine et moi. Nous ne nous connaissions pas vraiment auparavant.

— J'entends : « Dis-lui : "la fille". » Pourquoi me dit-il cela ? A-t-il une fille ? Est-ce qu'il aurait aimé avoir une fille ? Est-ce qu'il y a un lien avec une fille, une dénommée Julie ? J'entends le prénom Julie dans ma tête.

— Le prénom Julie ne me dit rien... Mais, je n'étais pas très proche de ce côté-là de la famille. Je les côtoyais très peu.

— Il est amusant !

Je sens son énergie autour de moi. Il « bouge » dans tous les sens.

— Il est vrai que de son vivant c'était quelqu'un de très rigolo, oui !

— Il est très taquin ! Et très content d'être en contact avec vous ! Ah ! j'ai compris pourquoi j'entends « dis-lui “la fille” ». Votre cousine a-t-elle déjà une fille ? »

— Oui, ma cousine a deux filles !

— Une de ses deux filles doit percevoir sa présence depuis qu'il a quitté ce monde ! Il me dit : « Parle-lui de la fille, parle-lui de la fille ! »

Catherine met alors la main sur sa bouche pour marquer sa surprise.

— Oui ! Incroyable !

— Elle parle de lui, c'est bien cela ?

— Oui ! L'autre jour, ma cousine m'en a parlé. Elle s'est un peu confiée à moi. Elle m'a dit que sa petite fille de 3 ans lui disait des choses parfois étranges... Qu'elle voyait une personne dans la pièce, alors que ma cousine, elle, ne distinguait personne. Elle se posait d'innombrables questions...

— La petite le voit ! Vous pourrez montrer ce live à votre cousine pour qu'elle regarde nos échanges en vidéo... Il faut vraiment que votre cousine continue sa vie. Qu'elle soit heureuse. Il envoie plein de lumière d'amour à vous deux. C'est vraiment très agréable. Profitez au maximum de la vie ! On me montre que vous êtes une personne dans le don. Vous êtes très entière. Essayez peut-être de moins vous angoisser... Auparavant, vous étiez plus « détendue ». C'est la sensation qu'on me fait ressentir. Pourquoi mes anges me montrent-ils votre maman ? Avez-vous vécu des moments compliqués avec elle ? Vous l'avez aidée au sujet d'examens médicaux, me dit-on...

— Euh... oui...

— Vous avez aidé votre maman, n'est-ce pas ? C'est vous qui avez tout fait ? Parce qu'on dirait que c'est vous qui prenez tout en charge. On vous dit : « On va lui ôter tout le poids qui pèse sur son dos et ses épaules. »

Silence et émotion de la part de Catherine.

— Mais... c'est exactement cela ! Waouh ! Vous êtes extrêmement impressionnant ! C'est troublant...

— C'est grâce à l'aide de mes anges.

— Je m'occupe beaucoup de ma maman qui a eu effectivement des petits soucis de santé. J'ai également donné de mon temps à une personne qui m'était très chère et que j'ai perdue il n'y a pas si longtemps. C'était ma marraine...

— Votre marraine défunte n'est pas venue à ma rencontre pour l'instant. J'adorerais pouvoir communiquer avec tous les défunts, simplement en les invoquant ! Mais je vous donne seulement les informations à ma disposition. Cela ne veut pas dire que je ne pourrai pas vous transmettre les messages de votre marraine une prochaine fois ou, de votre côté, que vous ne pourrez pas avoir de signes. Vous pouvez avoir des signes de vos proches défunts sans que je sois présent.

— Je pense en avoir déjà eu !

— Qu'avez-vous à la main ? Les anges me montrent votre main. Avez-vous une cicatrice sur la main ? Un tatouage ? Ils me disent également que vous allez évoluer spirituellement. Cherchez-vous à développer le magnétisme ?

— Oui. J'ai une petite cicatrice sur la main, une petite plaie.

— Cela fait-il longtemps que vous avez cette cicatrice ?

— Depuis septembre ou octobre. Je ne sais plus vraiment. J'ai mis une crème pour guérir. Effectivement, il reste une marque sur ma main !

— Pourquoi me montrent-ils la cicatrice à votre main ? C'est généralement toujours pour prouver que je suis bien en connexion avec vous. Qu'ils voient tout de leur côté !

— Effectivement ! Encore bravo !

— C'est grâce aux anges. Lorsque je capte l'au-delà, je ne sais pas vraiment ce que je vais vous dire. C'est comme s'il y avait une télé derrière moi et que je retranscrivais ce que j'entendais et voyais. Je n'ai pas vraiment de mérite à faire cela... Lorsque je vois la réaction des gens, je comprends que c'est incroyable pour vous ! Je ne m'en rends pas vraiment compte, je suis né ainsi...

— Vous êtes un sacré messager tout de même !

— Toujours dans la bienveillance. Il est très important pour moi de faire passer de bons messages... J'ai d'autres perceptions qui viennent à moi : j'entends taper au carreau d'une fenêtre. Avez-vous des fenêtres à petits carreaux chez vous ? Les avez-vous changées récemment ? Est-ce que le pourtour des vitres est de couleur marron ? J'entends toquer au carreau de la fenêtre.

— Lorsqu'on a acheté notre maison, le tour des fenêtres était de couleur marron. C'étaient des fenêtres à petits carreaux. Les vitres ont été changées depuis. Concernant le bruit, les oiseaux viennent très souvent taper contre la fenêtre de la cuisine. Une fois, c'était une buse. Le bruit a été impressionnant !

— Généralement, les défunts viennent nous apporter les messages via les oiseaux, qui sont aussi des messagers. Les oiseaux peuvent faire le lien avec l'au-delà. Je pense que vous avez vraiment une connexion à développer dans la spiritualité. Il va falloir y songer sérieusement !

— J'y pense... notamment par rapport à ma forte intuition.

— Vous avez vraiment quelque chose. Vous êtes une vraie gentille ! Votre intuition va de plus en plus se développer, vous verrez...

Un lien plus fort avec les plans invisibles

Toutes les informations que je peux saisir à la volée lors des connexions avec l'autre monde ont une importance capitale. Cette dame, grâce à son empathie forte, et le fait qu'elle soit dans le don de sa personne envers les autres, m'a en réalité permis d'établir un lien plus fort avec l'autre monde. Cela démultiplie la transmission des messages. C'est alors comme une rivière d'informations à faire passer.

Plus tard, durant le même direct, une autre connexion s'est établie. Un autre défunt se connectait pour transmettre son message. Je détaillais mes différentes perceptions pour trouver la personne à qui les messages étaient destinés : « J'ai eu mal à l'œil droit. Il me brûle. Cela indique que le décès s'est produit à cause d'un problème à cet œil-là. Je pense qu'il y a eu ensuite un AVC ou une hémorragie cérébrale. Je saisis également deux prénoms : Bernard et Gérard. Mais aussi une localisation, dans les Yvelines, avec des allers-retours en ambulance. »

Les informations perçues par mon esprit sont si précises que je peux rechercher parmi toutes les personnes connectées en direct face à moi (à travers mon écran) celle à qui elles peuvent correspondre. Toutes les informations mentionnées doivent correspondre à une seule et unique personne. À chaque session, la bonne personne se manifeste et je délivre alors le message qui lui est destiné, comme ce fut le cas pour Babette cette fois-ci. Je lui proposais de passer en direct avec moi pour lui transmettre les messages reçus.

Le témoignage de Babeth

Un signe de son oncle

— Bienvenue, Babette. Je répète les informations perçues. Je capte : brûlures à l'œil droit, AVC. Je ressens que le décès est survenu à cause de cet AVC. Comme si la personne avant de mourir faisait une hémorragie interne foudroyante. J'ai les prénoms Bernard et Gérard. Ensuite il y a la région des Yvelines. Ce défunt a-t-il fait des allers-retours en ambulance ?

— Oui, absolument ! Mon père s'appelait Bernard et son frère, mon oncle, s'appelait Gérard... Mon oncle a eu un cancer de l'œil. Son œil droit a été brûlé par la radiothérapie.

— Vous me confirmez donc mes perceptions ?

— Exactement ! Quand ils étaient enfants, ils ont vécu très longtemps dans les Yvelines à Chatou. Mon oncle est ensuite parti vivre en Normandie et faisait des allers-retours réguliers en ambulance pour se faire soigner à Paris.

— Ah ! d'accord. Les messages sont très précis, vous avez beaucoup de chance ! Cela fait-il longtemps que vous me suivez sur les réseaux sociaux ?

— Non, c'est la première fois ce soir ! (Rires)

— Cela doit être étrange pour vous, n'est-ce pas ?

— C'est incroyable ! Mon oncle me disait toujours de son vivant : « Quand je ne serai plus de ce monde, le jour où je partirai, je te ferai un signe ! » Aujourd'hui, par hasard, je me connecte à votre live pour la première fois, et tout correspond à mon oncle dans vos perceptions !

— Est-il décédé depuis longtemps ?

— Il est parti il y a six ans. Je suis tombée sur vous complètement par hasard ce soir.

— Lorsque vous scrolliez ?

— Absolument !

— Le hasard n'existe pas... Vous deviez recevoir ces messages de l'au-delà.

— J'en tremble ! C'est un hasard total pour moi !

— Avez-vous arrêté de fumer, Babette ?

Babette reste figée.

— J'essaie. (Rires)

— Il faut vraiment que vous vous arrêtiez de fumer !

Elle continue de rire et se sent gênée à la fois.

— N'en avez-vous pas assez d'être trop gentille ? Vous n'êtes pas la sauveuse des autres ! Il faut vous occuper de vous maintenant. Prenez du temps pour vous.

— D'accord....

Babette se passe plusieurs fois la main sur le visage comme pour se rassurer. Elle est bouche bée.

— Vous êtes trop concentrée sur les autres ! Je vois votre énergie. Vous êtes très agréable et bienveillante. Mes anges me montrent que vous êtes complètement esseulée. Êtes-vous heureuse à l'heure d'aujourd'hui ? Votre oncle me dit : « Sais-tu qu'elle était marrante ? C'était une bonne vivante auparavant ! On passait vraiment de très bons moments. Maintenant, je ne la reconnais plus. » Comprenez-vous tous ces messages ?

— C'est vrai que je suis très fatiguée parce que j'ai dédié beaucoup de temps dans ma vie à m'occuper des autres.

— Dorénavant, vous vous choisissez.

— J'essaie.

— Tout le monde dit cela. Mais maintenant il faut vous exprimer autrement : « Je m'occupe de moi ! J'entends les messages transmis pour moi. » Vous avez tous peur d'avoir une attitude plus positive. On ne parle pas de négatif mais bien d'une transition positive. Pourquoi en avoir peur ?

— C'est vrai.

— Êtes-vous déjà allée à Honfleur ? En face de la mer ? Votre oncle dit que vous alliez là-bas avant !

— Ah ! oui, j'y allais souvent. Nous y sommes même allés ensemble.

Babette semblait encore plus déstabilisée par mes dires :

— C'est complètement dingue ! (Rires)

— Je n'ai pas d'oreillettes, vous savez ! Je vois votre énergie. Vous avez une super belle énergie !

— C'est gentil, ça ! Je suis stressée, émue. Je ne m'attendais pas à ça, ce soir. Je scrollais bêtement sur les réseaux sociaux… Et lorsque j'ai entendu vos propos, je me suis dit : ce n'est pas possible, c'est pour moi !

— Je suis heureux. Ce genre de situations permet vraiment de vous secouer, dans le bon sens ! Vous pouvez comprendre qu'il y a vraiment « quelque chose qui existe de l'autre côté ». Je suis ravi d'avoir eu ces messages pour vous.

— Merci infiniment, Nicolas-David !

Vos proches décédés veulent que vous preniez soin de vous !

C'est souvent lorsque vous vous y attendez le moins que la vie vous percute davantage ! Je suis extrêmement ravi de partager ces moments avec vous. Mon rôle, les messages reçus, attestent de la véracité d'une vie après la mort. Finalement, les anges disent qu'il faut que vous preniez soin de vous à tous les niveaux, qu'ils soient d'ordre physique, personnel ou spirituel, en passant forcément par l'amour de soi. Prenez du temps pour aller mieux avec vous-même. N'attendez pas que cela vienne de l'extérieur. L'ego attend souvent d'être remarqué et d'être aimé. Souvent, s'aimer devrait être mis en première position, tandis que l'amour des autres devrait être plus secondaire. Ne vous aimez pas avec orgueil, aimez-vous avec bienveillance, sans attendre quoi que ce soit en retour. Vous rayonnerez d'une fréquence si positive que vous attirerez naturellement les bonnes rencontres sur votre chemin.

Témoignage d'Adrienne

Une expérience en live hors du commun

— Bonsoir Adrienne, comment allez-vous ?

— Je suis surprise ! (Rires) Je cache mon visage, ce n'est pas la peine qu'on me voie…

— Comme vous le souhaitez. C'est quelque chose que je n'ai jamais fait : je n'ai jamais demandé à quelqu'un au hasard dans l'auditoire de partager ses impressions. Vous avez été présente dans le live d'hier soir. Comment avez-vous ressenti le fait que je donne des messages de l'au-delà via mes anges ? Faites-nous part de vos sensations, s'il vous plaît.

— Je suis tombée sur vous par hasard sur les réseaux sociaux.

— Il n'y a pas de hasard, vous le savez bien.

— Oui... Je cherche des réponses. Plus particulièrement, je cherche un contact avec mon fils. Pardon, j'ai beaucoup d'émotion

Adrienne a la voix tremblante.

— Comme je marche au feeling, je suis restée et je me suis abonnée à votre compte pour assister à vos live.

— Merci à vous !

— Vous êtes vraiment surprenant ! J'ai beaucoup d'émotions parce que...

Adrienne se met à pleurer.

— Arrêtez, vous allez me faire de la peine ! Je vais culpabiliser. Je vais me dire : « Les anges, pourquoi je n'ai pas de contact avec son fils ? »

— Hier soir, lorsque vous avez parlé de ce défunt... Cela m'a fait penser à mon fils ! Parce qu'il y a eu des détails surprenants, mais l'âge ne correspondait pas du tout. Cela m'a un peu choquée ! Je pensais à mon fils mais ce n'était pas lui.

— Je suis vraiment désolé. Je souhaite vraiment de tout mon cœur avoir un jour un message de votre fils, pour vous réconforter...

— Je vous suis sur les réseaux sociaux depuis un moment, je me suis dit que c'était peut-être à mon tour, hier soir, d'avoir la chance d'être en contact avec mon fils…

— J'essaie de demander une connexion (m'adressant à mes anges) et de ne pas culpabiliser, car ce n'est pas de mon ressort. Je suis utilisé telle une radio pour vous donner les messages. Cela me fait extrêmement plaisir de vous transmettre tous les messages de vos proches disparus. Lorsque je me couche le soir après les directs, je me dis que je suis satisfait et heureux pour cette raison.

— Oui. Effectivement, vous soignez nos âmes ! Vous êtes un médecin de l'âme !

— Ah oui ? Je ne m'en rends pas vraiment compte. Merci pour ce compliment.

— Ce n'est pas dans le but d'être gentille. Cela fait du bien quand on cherche des réponses. Lorsqu'on est en manque des êtres que l'on a perdus, il est bon d'avoir la possibilité via des capacités médiumniques comme les vôtres d'espérer entrer en contact avec eux.

— Nous allons tous pleurer maintenant. Je ressens votre émotion.

— Cela me fait du bien de vous parler de cette façon, en direct.

— J'essaie de demander aux anges si je peux avoir un contact avec votre fils décédé.

Tout en écoutant Adrienne, je demande intérieurement à mes anges une connexion pour lui transmettre un message. « C'est incroyable. J'en ai des frissons. Allez les anges, s'il vous plaît, pour aider Adrienne, accordez-moi ce contact ! » La connexion s'établit peu à peu.

— Ce n'est pas votre fils pour le moment. Les anges me font un scanner de votre être : vous êtes très observatrice depuis que vous êtes enfant. Ils me font apparaître le chiffre cinq dans ma tête. Écoutez bien tous les messages, chacun à son importance. Je me concentre pour capter de plus amples informations vous concernant. Ensuite, c'est au sujet de votre père décédé. C'est une de vos problématiques... J'ai très chaud !

— J'ai chaud également.

— Votre père ne vous a pas beaucoup donné d'amour.

— Oui, c'est ça...

— Un côté très dur ressort dans le caractère de votre père. Ce n'est pas quelqu'un de foncièrement mauvais. Il a le profil d'un père qui ne parle pas, qui est très dur. Il ne montre aucune émotion.

— C'est étrange. Ce matin, je me suis adressée à mon papa décédé. Je ne lui parle quasiment jamais. Je lui ai parlé et je lui ai dit que je savais qu'il avait fait tout son possible pour que l'on ne manque de rien, et que je lui pardonnais d'avoir été dur avec nous.

— Je comprends. Vous avez bien fait de vous adresser à lui. Il s'excuse pour son comportement. Il vous aime. Allez, les anges, permettez-moi la connexion avec son fils, s'il vous plaît !

Tout en donnant quelques informations à Adrienne, je continue à demander la connexion avec son fils décédé. En attendant, je capte quelques détails de sa vie mais sans plus. Une chose est sûre, je ressens que l'accès est difficile. Je ne perds pas espoir. Le hasard n'existe pas, Adrienne est en direct avec moi, c'est bien pour une raison !

— Est-ce que quelqu'un autour de vous, ou de votre fille, porte le prénom Dylan ? Je sais que ce n'est pas le prénom de votre fils décédé mais ce prénom-là me vient à l'esprit. Peut-être est-ce le prénom Ilan... ? Dylan ou Ilan, autour de votre fille... ou alors Milan ? Je ne sais pas. La sonorité du prénom est en o-an...

— Yohan ?

— Yohan ? Est-ce que c'est un prénom proche de votre fille ?

— Oui, c'est son grand frère !

— C'est lui qui est tout fin ?

— Oui, il est tout maigre !

— D'accord. Je suis un peu dur d'oreille ce soir ! Mais j'entends des prénoms !

— C'est l'âge ! (Rires).

— Parfois, c'est tellement précis ! Parfois, j'ai l'impression que le son est brouillé. Votre fils Yohan n'est pas bien. Il faut qu'il soit un peu plus dans la vie. On me montre un retrait de sa part. Il se sent différent, c'est évident. « Le grand maigre », me disent-ils... Que me dites-vous, les anges ? Cet enfant a eu un problème affectif. Vous m'avez dit « Yohan », c'est bien cela ? Il a l'air effacé.

— Oui, c'est ça. Il vit dans son monde.

— Il faut vraiment le réinsérer dans la vie. Votre fille a un côté très sociable. Normalement, elle devrait être attirée par des métiers comme infirmière et tout ce qui touche au médical ou aux enfants. Il y a ce côté-là qui ressort chez elle. Ce côté très proche des gens. Qui est-ce qui rigole tout le temps ? Il y a une personne très théâtrale. Il me semble que c'est votre fille qui est comme ça, n'est-ce pas ? Le côté un peu one-woman show ?

— Oui c'est ça ! Elle voudrait, elle aimerait... mais je ne dois pas tout vous dire...

— Non, ne me dites rien. Elle a dû passer par toutes ces envies. Le côté médical, le côté prof, le côté à faire rire. Il y a une sorte d'allégresse chez elle. Elle est capable de réaliser plusieurs choses, comme si elle était déjà venue sur terre c'est incroyable ! ISSAAA... Qu'entends-je dans ma tête ? Cela vous parle-t-il un prénom comme : I, deux S, A ?

— Non... En revanche le prénom Isaac, oui.

— Ah, je croyais que c'était Issa ! Donc c'est le prénom Isaac...

— Oui !

— Dites donc, je suis vraiment dur d'oreille ce soir ! Je ne suis pas trop loin quand même ! La connexion avec mes anges est légèrement brouillée.

— Ça m'interpelle. C'est mon frère...

— Il y a beaucoup de complications au sujet de votre frère. Il faut le faire parler. Son émotion est complètement bloquée.

— Mon frère parle, mais le problème est qu'il est handicapé mental.

— Il me semble qu'il ne peut pas faire ressortir l'émotionnel profond bloqué en son être. Arrivez-vous à le rassurer ?

— J'essaie de faire de mon mieux. Ce n'est pas évident. Je suis dans une période compliquée pendant laquelle je n'arrive pas à m'occuper de moi. Je ne suis pas très bien. Cela fait quatre ans que mon fils est décédé. On a eu un procès.

— Oui, je comprends. Alors, attendez. Vous me faites tellement de peine que j'essaie par tous les moyens de forcer les messages...

— Je ne souhaite pas que vous attrapiez une migraine à cause de moi !

— Ne vous inquiétez pas pour moi !

— C'est déjà un cadeau de vous avoir en direct...

— Vous avez eu de beaux messages jusqu'à présent. Même si vous auriez souhaité être en contact avec votre fils. Pourquoi les anges me montrent-ils les intestins ? Vous devez être contrariée !

— J'ai eu beaucoup de problèmes intestinaux. Nous avons ce souci dans ma famille, mon papa, ma grand-mère...

— Ils ont eu des opérations des intestins ?

— Oui, ils ont eu des opérations. En ce moment, comme je suis très stressée, j'ai des crampes au niveau du ventre. Hier soir, c'était horrible !

— Il me semble que c'est plus votre père qui vient à moi, je suis désolé. Tous les messages que je reçois sont davantage liés à votre père qu'à votre fils. De plus, ils me parlent de votre frère. Tout est lié.

— C'est incroyable parce que j'ai parlé aujourd'hui à mon père défunt alors que je ne le fais quasiment jamais. C'est fou !

— Êtes-vous plus triste, plus malheureuse lorsque vous parlez à votre fils décédé ?

— Oui, énormément. C'est normal, il est mort dans...

— Oui, dans d'atroces circonstances !

— Voilà, oui c'est ça. Je vous ai dit qu'il y a eu un procès. Je n'ai pas encore fait mon deuil. Il y a encore un autre procès. Ce matin, lorsque je me suis adressée à mon papa, j'avais besoin d'être libérée de quelque chose...

— Vous étiez plus dans l'amour en quelque sorte lorsque vous vous êtes adressée à votre papa. Je souhaite faire comprendre aux personnes qui nous regardent, et aux futurs consultants, que lorsque vous êtes dans une détresse, la tristesse ou l'angoisse, il est très difficile de recevoir les messages des défunts. Il se crée une sorte de dépendance envers ce contact.

— C'était plus dû au fait que je me suis rendu compte qu'on était peut-être passé l'un à côté de l'autre, mon père et moi. Je souhaitais lui en faire part. Je lui pardonne certaines choses. Qu'il soit en paix maintenant.

— Vous étiez dans l'amour, le pardon. Vous le faites évoluer dans la lumière en vous adressant à lui avec votre cœur. Vous évoluez également de votre côté en réalisant de tels actes. Avec votre fils, le contact est plus lié à la détresse d'avoir un message. C'est complètement différent.

— D'accord, je comprends.

— De ce fait, je n'aurai pas forcément de contact avec lui. La détresse est comme une énergie négative qui empêche le contact avec le défunt. C'est étrange, mais c'est ainsi.

— Ça met peut-être une pression à ceux qui sont de l'autre côté du voile, je ne sais pas...

— Je ne pense pas. C'est pour vous l'expliquer. Essayez d'être plus sereine. J'ai conscience qu'il est vraiment difficile de vous dire cela. Vous avez perdu votre enfant, il paraît impossible de retrouver la sérénité. C'est simplement pour vous expliquer la façon dont les messages arrivent à moi. Il faut vous dire que votre fils est toujours auprès de vous, qu'il va vous aider à résoudre l'affaire, qu'il va être présent et que vous le sentez auprès de vous. Il faudrait agir comme lorsque vous étiez enfant vous-même. Lorsque vous preniez un doudou et que vous le serriez très fort contre vous. Il faudrait dégager tout cet amour afin d'avoir un contact plus aisé avec votre défunt fils. Il faudrait que cela soit similaire à cette énergie-là.

— Il est compliqué pour moi de me raisonner quand mes émotions sont au plus haut...

— Surtout que je ne suis pas une mère. C'est horrible de perdre son fils et de rester dans toute cette incompréhension...

Je m'efforce d'avoir un message de la part de son fils. Son histoire me touche énormément. Des visions me parviennent enfin ! Des flashs sanglants... Je ne montre pas mes émotions face à la caméra mais je ressens une pression incroyable dans mon dos. Des images violentes s'imposent à moi. Lorsque je suis en connexion avec les défunts, je deviens qui ils sont. Ils me font ressentir leurs émotions via tout mon être. Je parle souvent en leur nom comme si c'était moi qui vivais la scène. À ce moment-là, je suis littéralement bombardé de coups de couteau ! Je comprends alors que son fils a été assassiné de cette façon. Toutes ces informations arrivent en une fraction de seconde. Je me dois de rester impassible pour garder la connexion avec son fils, qui a été très difficile à obtenir jusqu'à présent.

J'affirme à demi-mot à Adrienne mes ressentis, avec des phrases plutôt simplistes pour éviter de la choquer.

— C'est étrange. Il y a la violence, n'est-ce pas ? Est-ce qu'il y a eu des couteaux ? Je ressens des coups de couteau. Il s'est passé quelque chose de très grave, n'est-ce pas ? Mes ressentis ne sont pas très positifs.

— Au sujet de mon fils ?

— Oui. On l'a un peu embêté ? Je sens de la violence, des coups de couteau...

— Mon fils a été assassiné à coups de couteau.

J'ai enfin la connexion avec son défunt fils. Même si mes perceptions sont liées à la violence, je dois rester avec l'énergie de son fils pour avoir un maximum d'informations. Je ne me mêle pas du tout à l'énergie de sa mère. Si je glisse dans l'empathie, dans la détresse d'Adrienne, je perds la connexion. Je continue à exprimer mes ressentis presque en totale indifférence, en apparence, face à l'émotion d'Adrienne.

— C'est incroyable qu'il me montre des indices ! Allez Seigneur... Seigneur... Pour Adrienne, s'il vous plaît... Je vais pleurer, dites-moi, avec toutes ces émotions. Ce n'est pas grave, c'est pour la connexion, ne vous inquiétez pas.

Mon taux vibratoire augmente. Mon cœur bat la chamade. On veut me faire ressentir une autre situation que la mère ne connaît probablement pas. Tout va très vite. Je me demande, au même moment, si ces informations supplémentaires seraient utiles à la mère ou si elles ne vont pas intensifier la douleur qu'elle ressent déjà ? La scène suivante est d'une atrocité et d'une violence abominable. On me montre ce jeune homme poignardé, allongé au sol. Quelqu'un s'approche de son fils agonisant et lui pose un sac en plastique sur la tête pour l'étouffer et être sûr d'en finir. Comment voulez-vous donner ce genre de détails à une mère qui a perdu son fils dans ces conditions effroyables. Lui dire ? Ne pas lui dire ? Pourtant les ressentis et les flashs s'accumulent et on veut me faire comprendre que c'est important, qu'il faut lui dire !

— Les anges, pourquoi me montrez-vous cette scène ? C'est quand même de la barbarie ! Cela va être très compliqué de retrouver ces personnes même s'il existe un lien avec votre fils. Je suis désolé de vous dire cela, mais c'est ce que j'ai dans la tête. Est-ce que vous savez s'il y a eu un sac plastique posé sur sa tête… ? Êtes-vous au courant de cet acte ?

— Non, il n'y avait pas de sac plastique sur sa tête. Mais il est mort étouffé.

— C'est étrange, car je vois bien les coups de couteau mais je vois le fait de poser un sac plastique sur sa tête. Je suis désolé de vous le dire car cela vous replonge dans la situation, c'est horrible… Seigneur ! Mais j'ai des images qui affluent. Il faut absolument qu'on me les confirme ou non. Cela risque de vous perturber. Je ne le souhaite pas. Mais en tout cas, c'est ce qu'on me montre…

— Je comprends. Je vous ai dit qu'on a déjà eu un procès, on a vu le pire. Je ne sais pas ce qui peut me rendre encore plus malheureuse.

— Ils n'ont peut-être pas retrouvé ce sac mais il a été utilisé…

— D'accord… Lorsque je suis arrivée sur les lieux, il n'y en avait pas.

— Je pense vraiment qu'ils l'ont ôté car ç'a bien été mis à un moment donné. Il y a plusieurs personnes impliquées. Je crois qu'on a dû retrouver six personnes mais ils étaient peut-être plus car il y a le nombre douze.

— Comment ?

— Il y a le nombre douze. Je me demande s'ils n'étaient pas douze personnes sur place. Je pense qu'il n'y a pas que six personnes impliquées. Pour l'acte criminel, ils étaient douze.

— C'est ça, oui ! Six personnes sont impliquées.

— Je le sais car mes anges me l'annoncent. Adrienne, allez-vous mieux maintenant ?

— Oui, c'est redescendu. Cela me soulage même si ce n'est pas lui et que c'est mon papa qui vous parle...

— Ah ! non, c'est bien votre fils ! C'est lui qui me dit tout ça !

— Ah ! c'est lui ? D'accord...

— Pour le moment, il ne peut pas me donner d'autres informations. Il ne faut pas que vous lâchiez par rapport à ce qu'il se passe au niveau du procès. Votre fils vous aide de là-haut. Il a besoin que vous soyez forte. Cela va durer encore longtemps. Je crois qu'il dit « encore cinq ans ». Il y a le chiffre cinq qui apparaît une fois de plus dans mon esprit. Il va falloir que vous soyez forte. Que vous lui parliez avec beaucoup d'amour. Il va vous aider. Il faut absolument résoudre cette histoire et aller jusqu'au bout. C'est très important pour vous et pour lui ! Une fois passées les étapes du procès, il va se créer une connexion très forte avec votre fils. Vous allez le ressentir ! Il va venir vers vous. Il me montre qu'il viendra lors de votre sommeil. Ne vous inquiétez pas. Son âme va fusionner avec la vôtre pour vous remercier. Comme un câlin, d'âme à âme. Ne vous inquiétez pas lorsque cela arrivera. Ce sera dans l'amour le plus total.

— J'ai déjà eu des expériences comme celles-ci. C'était choquant !

— Finalement, je suis désolé de vous dire cela par rapport à tout le malheur que vous vivez, mais, ce soir, vous avez eu de la chance... Les anges ont bien fait de vous choisir...

— Oui ! C'est pour cette raison que je suis quand même venue... Je me suis dit : vas-y lance-toi ! Je pensais à mon fils. Maintenant, grâce à vous, je me sens apaisée. Je ne sais pas dans quel état il est, dans l'au-delà. Je lui demande de me le dire. Aujourd'hui, j'étais sur sa tombe, je lui ai demandé s'il avait trouvé la paix.

— Votre fils est dans un entre-deux. Si vous préférez, tant que l'histoire n'est pas résolue, il est bien dans la lumière de paix, mais c'est comme s'il faisait des allers-retours pour vous envoyer de l'énergie, pour que vous arriviez à tenir afin de résoudre l'histoire.

— Je me sens toute légère...

— Je suis heureux ! Il s'est passé comme un déblocage en vous !

— Exactement !

— Vous avez eu votre père et vous avez eu votre fils ! Vous voyez, quand je force un peu les messages... j'arrive à créer la connexion et à obtenir des informations. Je suis tout simplement heureux d'avoir eu un contact avec votre fils décédé.

— Je suis ravie ! Merci infiniment à vous et à vos anges ! Je remercie mon papa qui est venu. Je remercie mon fils et je vous remercie aussi pour tout ce que vous faites pour tout le monde. Vous êtes un médicament ! Nicolas-David, le médicament ! Franchement, vous m'avez fait un bien fou ! J'ai l'impression qu'un poids a disparu. Au début du direct, je tremblais, je n'arrivais presque pas à m'exprimer. Vous êtes magnifique, dans tous les sens du terme !

— Merci ! Je vous embrasse bien fort. Je vous envoie tout mon amour, et n'oubliez pas, ne lâchez pas l'affaire. Faites confiance aux anges !

— Je ne vais pas lâcher. J'ai promis à mon fils d'aller jusqu'au bout.

— Génial ! Je vous embrasse, Adrienne !

— Je vous embrasse, ainsi que les personnes connectées. Encore merci pour ce beau cadeau !

Chaque vie est sacrée !

Cette expérience de contact défunt avec Adrienne fut hors du commun, pour elle comme pour moi. Elle a accepté d'être en direct devant plus de mille personnes. Il a fallu qu'elle partage son intimité et des moments douloureux, voire effroyables. La connexion avec son fils décédé a été laborieuse mais lorsqu'elle s'est enfin établie, le lien en était d'autant plus merveilleux. Faites confiance à la vie ! Il est vrai que les histoires criminelles doivent être résolues car les coupables doivent être punis pour leurs actes innommables afin que justice soit faite. Nul n'a le droit d'ôter la vie à quelqu'un, ni à soi-même. Chaque vie est absolument sacrée et fait partie d'un cycle d'évolution. Dans l'autre monde, chaque être est redevable en quelque sorte de tous ses actes. Ce n'est pas un « jugement dernier », chacun est simplement mis face à ses actes et à leurs conséquences dans la vie et le monde. Il faut espérer que chaque réincarnation mène vers la compréhension de ses actes et vers l'amour de soi et des autres pour faire évoluer son âme. Faute de quoi, l'âme sera en éternelle souffrance.

Chapitre 7

AIMEZ, VIVEZ, VIBREZ !

J'ai tenté jusqu'ici de vous expliquer avec des mots simples et terrestres mon fonctionnement de médium, mais le plus important est probablement de vous éclairer sur la voie du bonheur durant votre vie. Comment engendrer un chemin de vie heureux ?

La voie du bonheur

Après avoir compris que votre chemin de vie s'épanouit selon votre libre arbitre – c'est à vous de choisir de guérir de vos blessures ou non –, laissez-vous désormais guider sur la voie du bonheur... L'idéal de tout un chacun est de se sentir heureux. Mais quel est le sens du bonheur ? Quelle en est sa définition ? En philosophie, le bonheur (étymologiquement « la bonne chance ») est un état agréable dans lequel on se sent en totale harmonie. Une définition un peu simpliste, tant on sait à quel point elle a fait l'objet de multiples réflexions par les plus grands philosophes.
Le bonheur est une notion ancienne qui fit réfléchir les philosophes, dès le IVe siècle avant Jésus-Christ, notamment Épicure, un célèbre philosophe grec de l'Antiquité. Qu'est-ce que le bonheur selon lui ?

« Quand nous disons que le plaisir est le but de la vie, nous ne parlons pas des plaisirs des voluptueux inquiets ni de ceux qui consistent dans les jouissances déréglées [...], mais [de celui] qui consiste, pour le corps, à ne pas souffrir et, pour l'âme, à ne pas être troublée. »
Le bonheur a été un sujet de réflexion important pour beaucoup d'autres philosophes. Selon Socrate, le bonheur n'est pas une question de pouvoir, ni de plaisir. Est heureux celui qui ne commet pas l'injustice. Il ne suffit pas de vouloir, il faut savoir. Ne pas être injuste, cela s'apprend. « Est-ce uniquement en cela que consiste le bonheur ? [...] Oui, selon moi, quiconque est honnête, homme ou femme, est heureux, et quiconque est injuste et méchant, malheureux. » (Dialogue entre Socrate et Gorgias, extrait du *Gorgias* de Platon.)
Pour Emmanuel Kant, le bonheur est un idéal, non de la raison, mais de l'imagination, fondé uniquement sur des principes empiriques. Le bonheur serait la satisfaction complète des besoins et des désirs. Cependant, comme personne ne sait quel en est vraiment le contenu, le bonheur ne paraît pas être la priorité de l'homme.
Ainsi, notre bonheur dépend de deux facteurs que nous avons les moyens de modifier et d'adapter :
– notre perception des événements de notre vie : nous pouvons changer notre point de vue sur les situations que nous traversons en pratiquant la gratitude, en prenant conscience de tous les événements positifs et agréables qui nous arrivent, en considérant les échecs comme des expériences formatrices ;
– nos attentes : si nous restons humbles face à nos attentes, nous risquons moins d'être déçus ; le détachement est aussi révélateur d'une meilleure connaissance de soi, de notre

potentiel, de notre adaptabilité, etc. ; on évite aussi de se projeter dans un futur incertain pour profiter du présent, tel qu'il est, sans interprétation ni jugement ; c'est le principe de base de la pleine conscience.

Si nous percevons ce qui nous arrive sans jugement « négatif » et si nous n'entretenons pas d'attente démesurée, nous serons plus sereins et même heureux. En revanche, si nous interprétons chaque événement de telle manière que nous ressentions de la frustration, de la colère, de l'amertume et que nous nous attendons à des objectifs irréalistes, nous nous exposons à un sentiment de frustration et à la dégradation de notre bonheur.

Une des clés du bonheur pourrait donc être la suivante : *Je vis ce que je vis sans juger ni me juger ; je prends la vie comme elle vient, en ayant conscience de toutes mes petites réalisations et joies du quotidien, en lâchant prise sur ce que je ne contrôle pas, pour focaliser mon énergie sur ce que je peux faire maintenant ou dans un futur très proche.*

Pour ma part, et selon mon expérience de vie, avec tout ce que j'ai pu acquérir au fil des ans avec l'aide de mes anges, et les rencontres diverses et variées, le bonheur ne résulte pas de l'attente de quelque chose d'extérieur à notre être. Il est inhérent à nous-mêmes. Le bonheur est lié à la possibilité de célébrer le fait d'être en vie, d'être incarné sur cette Terre et dans cette dimension afin d'expérimenter et de grandir dans l'amour, le partage, la compassion mais aussi la « compersion », être tout simplement heureux pour autrui. Je ne vais pas vous dire que la voie ultime serait de contempler la nature. Ce serait vrai pour certains mais faux pour d'autres. C'est plutôt le fait de ne rien attendre de quiconque. *Je suis ici et maintenant, baigné d'amour divin, éternellement. Grâce à lui, je ne manquerai jamais de rien. Mon parcours est une suite d'événements m'élevant vers la bonté céleste.*

Ne remarquez-vous pas que tout est parfait dans la nature et dans l'Univers ? Chaque élément a sa place bien définie. Tous les aliments non transformés par la main humaine sont juste parfaits ! Les fruits, les légumes, les plantes, les arbres, la faune, la flore... Tous sont aussi parfaits et contiennent de l'énergie. En revanche, tout ce qui est transformé par l'homme ou fabriqué via des machines n'en contient presque plus. Mieux vaut déguster les bonnes pâtes fraîches faites par votre grand-mère qui y aura laissé son empreinte d'amour plutôt que d'espérer être rassasié par un paquet de biscuits industriels ou toute autre marchandise manufacturée...

Au-delà de cela, tout, dans la nature, fonctionne telle une symphonie harmonique. La chaîne alimentaire fait partie de cet ensemble. Si vous décalez une note de musique dans une partition, tout s'effondre ! Il y a tant de bénéfices innés sur cette planète : vous trouverez tout dans la nature, y compris des plantes dont les molécules guérissent certains maux. Pourtant, l'homme, par son ego, s'efforce de reproduire la nature à travers des voies totalement artificielles, afin d'en détenir le « contrôle ». L'être humain a tendance à s'émerveiller des prouesses technologiques et médicales en inventant des molécules chimiques qui se substituent aux anciens remèdes naturels, afin d'en contrôler la production et la rentabilité commerciale.

Par ailleurs, la multiplication des loteries aux gains illimités accrédite l'idée que le bonheur est lié à l'argent et à toutes les acquisitions que l'on peut faire avec. Comme si nous pouvions produire d'autres formes de bonheur, alors qu'il suffit d'être et de contempler. Regarder les étoiles ne serait-ce que quelques minutes vous remet déjà à une certaine place. Finalement, nous ne sommes rien face à la grandeur infinie de la nature. Pourtant rien dans le cosmos n'est créé au hasard. Ouvrez grands vos yeux, vous serez surpris de ce que vous pourrez voir, ou seulement entrevoir, de notre monde et de celui de l'invisible...

Soyez foncièrement heureux. Essayez de ne pas avoir d'attentes, quelles qu'elles soient. Le bonheur est une conception qui dépend de nos propres perceptions de la vie, dans le but d'acquérir quelque chose de plus. Comme si nous ressentions à la base un manque. Le bonheur est pourtant présent en chacun de nous. Il ne correspond pas à un besoin. Il ne peut être identifié à un élément extérieur à notre être. Nous sommes toutes et tous des êtres divins, remplis d'amour éternel. Regardez votre vie à l'instant *t* sans aucune projection future ni regard vers le passé pour vous croire heureux. Entrez en vous. Décelez quel est le propre bonheur à l'intérieur de vous-même. Vous devriez être comblé de bonheur d'être la belle personne que vous êtes... Partagez cette énergie du bonheur, intensifiez-la, connectez-vous aux uns et aux autres pour ne faire plus qu'UN dans l'amour divin infini.

Et demain ?

Que faut-il retenir de toutes ces pages ? Vous voyez en général votre vie à travers votre propre prisme. Voyez donc la vie par le biais de plusieurs prismes pour trouver votre voie/voix. Vous êtes incarné ici pour vivre des stages de vie afin de bonifier votre expérience. Pour vivre des rencontres incroyables afin d'évoluer positivement.

Votre incarnation est une chance incroyable !

Chaque vie est sacrée, même si vous êtes incarné dans un corps malade, si vous vivez dans un pays dont les règles paraissent archaïques, ou encore si vous ne vous sentez pas en phase avec le genre sexuel attribué à votre naissance car vous êtes né garçon alors que vous vous sentez au plus profond de votre âme une fille. Nous sommes ici pour faire évoluer nos mentalités. Nous sommes incarnés pour guérir de toutes nos blessures familiales et karmiques. À nous, avec toute notre détermination, de bouger les lignes. L'humain passe son temps à créer des règles contrôlantes pour gérer sa vie. Même vous, vous avez probablement créé des règles limitantes car cela vous rassurait… Cela vous donne surtout l'impression d'avoir un contrôle sur votre vie. Cessez d'agir de cette façon. Sentez-vous libre ! Vous ne contrôlez rien. Acceptez les événements de la vie qui se présentent à vous. Comprenez les messages divins et soyez acteurs de votre vie avec le cœur bienveillant et une mentalité positive.

Avancez et ne restez pas bloqué sur les mêmes schémas !

Ce n'est pas parce que vous avez vécu quelque chose de perturbant dans votre vie que cela va arriver de nouveau. Si vous prenez conscience de pourquoi et comment les événements se sont produits, et que vous guérissez de vos blessures, cela ne se reproduira pas. La peur est une conception humaine qui amène bien souvent à rester sur « Pause ». Un peu comme si on programmait en soi la peur du changement car on ne sait pas si on pourra gérer la suite. Dites-vous que vous ne gérez que le fait de guérir, rien d'autre. Choisissez

d'avoir le courage de vivre pleinement au lieu de rester bloqué à cause de vos blessures émotionnelles.
Le libre arbitre, c'est le choix de vouloir guérir en son âme pour ne pas répéter incessamment les mêmes schémas. Par exemple, si je n'attire que les personnes manipulatrices, c'est que je dois régler quelque chose en moi. La vie, l'énergie que je vibre, m'envoie ce que je dois comprendre à travers ce genre de rencontre. Si je fais la sourde oreille, le schéma se répétera de façon plus intense. Enfin, si je comprends que j'ai pour habitude de me dévaloriser, que je crains l'abandon, que je ne compte pas sur moi, il faudra alors que je règle tous ces problèmes en remontant à la source de mes blocages émotionnels. Il ne faut pas hésiter à consulter des praticiens comme un psychologue, un hypnothérapeute ou encore un sophrologue, par exemple. Et ce, de façon non exclusive !
Les psychologues sont en général une bonne base de départ pour démarrer une thérapie. En revanche, cela ne libère pas forcément des blocages inconscients. On vous fera comprendre intellectuellement les clés à utiliser. À vous de prendre le trousseau et d'agir. Mais vous n'aurez pas toujours guéri votre cœur.
En consultant un hypnothérapeute, vous serez placé en état de conscience modifiée. Vous aurez accès à votre inconscient et vous pourrez exulter ce qui a été cristallisé en vous par le passé, le nettoyer et l'apaiser. Les traumas font partie de vous. Ils ne peuvent pas être complètement supprimés de votre être ou de votre esprit. On modifie simplement le champ d'action qu'un blocage peut engendrer sur votre vie future. Votre énergie émotionnelle ne fera plus référence aux blessures du passé. Vous ne reproduirez donc plus les mêmes erreurs. Vous ne vivrez plus les mêmes « stages » puisque

cela sera acquis. Vous ne vibrerez plus la même fréquence. Vous n'attirerez plus les « mauvaises » personnes qui étaient en miroir à votre ancienne fréquence.
J'écris le mot « mauvaises » entre guillemets car dans l'absolu, je ne crois pas que les personnes, ou les situations, soient a priori bonnes ou mauvaises. Ce qui conduit à devenir "bon" ou "mauvais" tient avant tout aux rencontres que l'on fait tout au long de sa vie. Ces « mauvaises » personnes sont fréquemment en manque d'amour, elles n'ont pas vu la lumière divine dans leur vie. Vous affirmez parfois : « Je n'aime pas cette personne, elle dégage une énergie désagréable ! Fuyons ! »
Sachez que cette personne qui dégage une énergie désagréable pourra simplement se trouver dans un état de tristesse, ou vivre un deuil. Elle sera certainement dans une situation étriquée où elle ne trouvera aucune réponse pour s'en sortir. Son énergie sera donc très basse. Elle ne vibrera pas une fréquence énergétique agréable ni lumineuse. Pour autant, elle ne sera pas une mauvaise personne. Elle méritera davantage une main tendue, si elle l'accepte bien sûr, au lieu du dédain et du dégoût. Mais ne soyez pas son sauveur. Répondez-lui seulement si elle demande une aide extérieure. Rappelez-vous, nous avons le libre arbitre de guérir ou non. Personne n'est le sauveur d'autrui. Nous pouvons être des guides si cela est nécessaire. Nous ne devons pas bloquer notre propre chemin de vie pour aider, coûte que coûte, une autre personne.
C'est à elle, comme à chacun, d'engendrer sa propre guérison.

On ne peut vivre sans amour et sans lumière

Si vous viviez complètement isolé dans une grotte lugubre, je ne pense pas que vous tiendriez très longtemps sans devenir à moitié fou. Vous retrouveriez sans doute certains caractères de l'homme primitif, en développant un fort instinct de survie.

Même les pires meurtriers sont des êtres troublés, en perdition. Il y a plusieurs raisons à cela. Cela peut être dû à une éducation sans amour, à la violence subie étant jeune, à des comportements brutaux dans l'entourage. Un sentiment d'exclusion naît alors chez ces êtres, qui se sentent telle une bête humaine. Je n'excuse pas forcément ces comportements négatifs une fois adulte, car rien ne peut absoudre la violence ou le meurtre...

Parfois, certaines âmes meurtrières peuvent se réincarner toute de suite après leur décès. C'est un peu comme si on leur donnait une ultime chance. Avant leur prochaine réincarnation, elles comprennent pourquoi elles ont agi de la sorte. On leur montre les dégâts qu'elles ont causés à l'âme de la personne qui a souffert par leurs actes et si celle-ci leur a pardonné ou non. Cela décidera de la suite de leur nouvelle destinée. L'âme aura le choix d'engendrer les mêmes erreurs ou au contraire de se racheter en agissant positivement. L'incarnation suivante ne sera pas forcément dans un corps malade ou dans une vie sans aucune richesse. Ou encore, l'âme ne sera pas obligatoirement victime d'un autre bourreau. Cela pourra être complètement différent. Il se peut qu'on lui donne encore plus de pouvoir pour la tester de nouveau. Elle pourra vivre le succès, la richesse, la puissance, tout ce pour quoi les humains ont de l'intérêt dans la dimension égotique. Vous vous dites certainement : « Mais enfin, ce n'est pas juste ! Cette personne fait du mal aux autres et elle peut devenir une star ou avoir de l'influence ! » En effet, elle pourra« choisir », avec tous ces outils-là, de faire malgré tout le bien ou le mal. La prochaine étape de son évolution décidera alors si cette âme descend encore de niveau pour traverser des mondes infernaux et purger par la souffrance son lourd karma. Évidemment le but premier de l'évolution de l'âme et de ses cycles n'est pas de chuter dans les niveaux du bas astral et de vivre éternellement dans la souffrance. La Terre est une école très compliquée. Mais c'est une école qui récompense les efforts et l'élévation de la conscience bien plus que certaines autres dimensions...

L'ombre et la lumière, les deux faces de la réalité

La lumière ne peut exister sans l'obscurité et inversement. Nous ne pourrions différencier le noir du blanc si ces deux mêmes couleurs n'existaient pas. Tout est binaire. Tout est dualité ou presque. L'amour et l'indifférence, le chaud et le froid par exemple. Le froid n'existe pas ; il est en réalité l'absence de chaleur. Tout comme l'obscurité est l'absence de lumière. Quant au mal ? Ce « mot a été inventé pour définir l'absence de Dieu ». Ces définitions sont parfois attribuées à Albert Einstein... Il avait déjà tout compris et j'aime à les rappeler... Nous devrions être à même de penser de cette façon et de ressentir ce qu'est le bien ou le mal. Notre monde n'en serait que bien meilleur, ne pensez-vous pas ?
Au cours de ma mission de vie, j'ai appris, j'ai mûri. Cette maturation est devenue maturité. J'ai su apprivoiser et

maîtriser mes différentes facultés médiumniques et cela me permet de vous aider dans votre relation à la vie, à la mort, à l'angoisse de cette fin inéluctable. Je vous invite à vous libérer de tous les doutes et les peurs que vous créez et qui bloquent votre apprentissage de la vie. Comprenez que si le corps physique meurt, notre âme est, quant à elle, éternelle. C'est pour cette raison que je peux vous communiquer certaines informations de l'invisible, avoir des visions pertinentes concernant votre vie passée ou future. Je sens l'amour de la Source divine se connecter à moi. Je vous apporte de l'amour.

Lorsqu'on me montre vos souffrances, votre parcours, ce que vous avez vécu et ce que vous vivez à l'heure actuelle, c'est pour vous amener à comprendre qui vous êtes au plus profond de votre être, que vos choix de vie dépendent bien souvent de votre ego, de vos expériences passées. Les relations amoureuses que vous vivez sont presque toujours liées à vos problématiques émotionnelles. Une fois celles-ci guéries, vous rencontrerez probablement une personne qui a aussi évolué, vous vous sentirez enfin serein et vivrez une relation amoureuse dans une confiance réciproque.

On ne voit la vie que par son propre prisme

Si vous acceptez de développer une perception différente de la réalité, si vous décidez de changer votre trajectoire et vos comportements, si vous vous libérez de vos désirs égotiques en cessant d'être obsédé par l'acquisition de biens matériels dont vous n'avez même pas besoin, vous vous donnez la chance d'appréhender votre chemin de vie par le prisme de la bienveillance et de l'amour pour vous-même, et pour les autres. L'une des clés est de renouer avec l'innocence enfantine dénuée d'intérêts. Un enfant n'a aucune croyance ni aucune conscience du risque, il agit par pur instinct. Libérez-vous de vos croyances familiales et ancestrales limitantes, des diktats de la société qui vous oppressent. Cela vous permettra de retrouver une certaine pureté dans vos intentions, en tous les cas de retrouver votre essence même. Vous verrez alors le monde qui vous entoure d'une tout autre façon par un nouveau prisme, tout simplement. Alors, aimez, vivez, vibrez !

REMERCIEMENTS

Je remercie mes anges, mes guides, mes êtres de lumière, Dieu, Jésus, Marie, les saintes et saints qui me guident, me protègent, m'aident chaque jour, m'enveloppent d'amour et surtout me permettent de vous éclairer sur vos chemins de vie respectifs.

Un grand merci à Michèle Riffard, médium décédée, qui a vu mes capacités et m'a guidé sur le chemin de la médiumnité. Elle est toujours à mes côtés en tant que guide de lumière.

Plein d'amour pour Ginette Dutay qui fut une rencontre incroyable dans ma vie de médium et qui m'a fait confiance depuis le début lors de mes premiers pas à l'UFS (Union spirite française) à Paris. Je lui envoie mon énergie positive chaque jour. Merci à son amie Claire également.

Je remercie certaines personnes du monde audiovisuel français, que je ne peux pas nommer mais elles se reconnaîtront, pour leur soutien et leur confiance.

Merci à Marie-Clara pour sa confiance indéfectible et qui m'accompagne sur cette route lumineuse afin de vous guider.

Merci à ma famille de croire en moi et de me soutenir à chaque étape de ma vie terrestre. Merci Maman pour ton amour. Je vous aime.

Merci à mamie Georgette d'être une grand-mère, une maman, un ange incarné sur terre.
Un merci particulier à Benoît et Anaïs, et toute la famille pour tout l'amour qu'ils m'apportent au quotidien.
Merci à la vie de me permettre d'être qui je suis au plus profond de mes entrailles. Je vous aime. Partageons ensemble l'AMOUR éternel.

TABLE DES MATIÈRES

Direction : Didier Férat
Direction éditoriale : Lama Younès-Corm
Édition : Juliette Collonge
Correction : Judith Lévitan
Conception et réalisation de la couverture : Chloé Senget
Mise en pages : Littopia
Fabrication : Laurence Duboscq

ISBN : 978-2-263-18874-9
Code éditeur : L18874/01
Dépôt légal : août 2024

Imprimé en France par Normandie Roto Impression s.a.s. (2403472)
ZI Montperthuis, 61250 Lonrai

Solar, un département d'Édi8
92, avenue de France, 75013 Paris
serviceclients@lisez.com

Retrouvez-nous sur www.solar.fr